리더십은 분위기가 아니라 구조다

리더십은
분위기가 아니라
구조다

백민자 지음

Kairosse

실제 회사 생활 속에서 마주한 이야기들을 담았습니다.

이 책을 함께 일하며 배움을 나눠준 모든 팀원들과 동료들, 리더들,
그리고 묵묵히 응원해 준 가족들에게 바칩니다.

일러두기

이 책에 등장하는 주요 인명, 지명, 기관명 등은 국립국어원 외래어표기법을 따르되 일부는 관련 분야에서 널리 알려진 표현을 따라 소리 나는 대로 표기했다.

프롤로그

> 압박은 통제를 낳고
> 구조는 주체를 만든다.

나는 기여할 판을 깔지 못하는 리더였다

"팀장님, 요즘 팀원들이 시키는 일만 해요. 어떻게 하면 자발적으로 움직일까요?" 회사생활을 하며 수없이 들었던 질문이다. 동료로서, 팀원으로서, 그리고 리더가 되어서도 계속 마주한 고민이었다. 그때마다 나는 속으로 되물었다.

"그들이 정말 의욕이 없는 걸까? 아니면 기여할 판이 없는 걸까?" 열심히 일해도 인정받지 못했던 때, 좋은 아이디어가 있어도 '어차피 소용없다'며 침묵했던 순간, 시키는 일만 하는 동료가 '일 잘한다'는 평가를 받으며 무력감을 느꼈던 기억. 누구나 한 번쯤 겪어봤을 것이다.

그 답을 나는 팀원의 이직 면담에서 찾았다.

"팀장님, 저는 이 일이 제가 정말 하고 싶은 일인지 모르겠어요. 모두가 가는 방향으로 따라가는 게 버겁습니다" 충격이었다. 동료는 적성에 맞지 않아 고민하고 있었는데, 나는 그저 모두가 똑같은 목표를 향해 달려야 한다고만 생각했던 것이다. 각자의 강점과 관심사는 무시한 채, 획일적인 방향만 제시하고 있었다.

그날 이후 나는 '모두가 같은 방식으로 기여해야만 할까? 각자의 강점을 살려 기여할 수는 없을까?'에 대해 질문을 가졌다.

"팀원은 쪼아야 제맛"이라는 조언

그리고 곧 나는 또 다른 벽에 부딪혔다.

"쪼아야 제맛이다. 팀원들은 여유를 주면 안 돼"

첫 팀장이 되던 날, 선배가 건넨 이 한마디에 나는 한 시간 동안 반박했다. 목이 쉴 때까지 토론했지만, 증명할 수 있는 건 아무것도 없었다. 그저 가슴 한편의 답답함과 '다른 길이 있을 거야'라는 막연한 믿음뿐이었다.

경험 많은 선배들의 조언은 명쾌했다.

"복잡하게 생각할 거 없어. 매트릭스 만들어서 매주 체크하고, 그걸로 쪼기만 하면 돼. 그게 제일 확실해"

나는 질문했다. "왜 꼭 쪼아야만 팀원들이 움직인다고 생각하십니까?"

"그렇게 하다가는 언젠가 실적에 구멍이 날 거야. 사람은 철저하게 관리하지 않으면 느슨해지게 마련이야"

선배의 말에는 수년간의 경험이 묻어있었다. 그럼에도 나는 뭔가 다른 방법이 있을 거라고 믿었다.

"저는 우리가 함께 갈 방향을 명확히 하고, 그 과정을 의미 있게 만든다면, 팀원들이 스스로 기대 이상의 성과를 만들 거라고 믿습니다"

그래서 실험을 시작했다. 오라클에서 첫 팀장이 되던 날부터, 아마존을 거치며 '쪼지 않는 리더십'이라는 무모한 도전을 시작했다.

침묵 속의 진실, 그리고 구조의 발견

"팀장님, 이러다 저 정말 병날 것 같아요"

악성 과금 이슈로 밤을 지새우던 동료의 이 한마디에 가슴이 철렁했다. 나는 그저 '함께'라고 말하면서도 실제로는 혼자 앞만 보고 달렸던 것이다. 스스로 기여하고 싶은 구조를 만든다는 명목으로 일에 몰두했지만, 정작 팀원들의 기여를 쥐어짜듯 몰아쳤던 것이다.

그런데 다음 날, 그 동료가 놀라운 해결책을 가져왔다.

"어제 집에 가서도 계속 고민했는데요, 이렇게 하면 어떨까요?"

순간 깨달았다. 우리 모두가 각자 끙끙거리며 혼자 모든 걸 해결하려 했구나. 동료들도 함께 고민하고 기여하고 싶었는데, 우리에겐 그런 구조가 없었던 것이다.

첫 팀 미팅이 떠올랐다. 회의 중에 팀원들은 휴대폰만 들여다 봤다. "네, 알겠습니다"라는 건성 대답 뒤에는 '또 금방 포기하겠지' 라는 불신이 숨어 있었다.

소련 시대 작곡가 쇼스타코비치의 음악처럼, 팀원들의 침묵 속에도 진실이 숨어 있었다. 겉으로는 체제를 찬양하는 듯 보이지만, 그 이면에는 저항의 메시지가 담겨 있었던 것처럼.

회의 시간에 아무도 반대 의견을 내지 않지만, 회의가 끝나면 복도에서 불만이 터져 나온다. 리더 앞에서는 "잘 진행하고 있습니다"라고 보고하지만, 실제로는 해결되지 않은 문제들이 쌓여가고 있었다.

나는 "기여할 의욕이 없는 사람은 없다. 다만 기여할 판이 없을 뿐이다"라고 깨달았습니다.

철학이 현장을 만났을 때

그 깨달음은 사르트르의 철학을 만나며 더 명확해졌다.

"실존이 본질에 앞선다" 사르트르가 말한 이 명제는, 팀원들이 '도구'가 아니라 '주체'라는 것을 일깨워주었다. 압박형 리더십은 팀원들에게 '나쁜 믿음(mauvaise foi)'을 강요한다. "저는 그냥 시키는 일만 하는 사람이에요"라며 자신의 선택권과 책임을 스스로 포기하게 만드는 것이다.

리더의 진짜 역할은 팀원들이 이 '나쁜 믿음'에서 벗어나도록 돕는 것이다. 팀원들이 스스로를 창조해나갈 수 있는 구조를 제시하는 것. 그들이 자신의 자유와 책임을 온전히 인식하고, 주체적으로 일할 수 있는 환경을 만드는 것.

그리고 아마존의 리더십 원칙은 그 구조를 어떻게 설계할 것인가에 대한 명확한 답을 주었다.

"리더는 장기적으로 생각하고, '그건 제 일이 아닙니다'라고 말하지 않는다"

압박형 리더십 아래에서 팀원들은 '임대인'처럼 행동한다. "이건 제 일이 아니니까 최소한만 하면 돼요" 반면 구조 중심 리더십은 팀원들을 '주인'으로 만든다. 의사결정의 권한을 주고, 실패해도 괜찮다는 심리적 안전망을 제공하며, 단기 성과가 아닌 장기적 성장에 집중하도록 돕는다.

철학은 추상적 담론이 아니었다. 그것은 팀원이 "제가 해볼게요"라고 손드는 순간, 침묵하던 회의실에 아이디어가 터져 나오는 구조 설계의 원리가 되었다.

이 책의 철학적 사유는 박경준의 '오페라 인문학', '나를 리셋하라'를 많이 참조하였다. 예술과 음악 속에 담긴 인간 본성에 대한 그의 해석이, 리더십이라는 현장에서 부딪히는 문제들을 더 깊이 이해하는 렌즈가 되어주었다. 이 자리를 빌려 깊은 감사를 전한다.

나의 25년 회사생활과 10년 넘는 리더십 실험 기록이다

"실험이라고요? 팀 운영이 실험의 대상이 될 수 있나요?"
처음 이 말을 했을 때, 한 동료가 놀란 표정으로 물었다.
"우리가 고객을 위해 A/B 테스트를 하듯이, 팀 운영도 가설을 세우고 실험하고 개선할 수 있지 않을까요?"

그렇게 시작된 '쪼지 않는 리더십' 실험은 나의 25년 회사생활 중 10년이 넘는 리더의 시간 동안, IT 컨설팅 회사를 거쳐 썬마이크로시스템즈에서 시작해 오라클과 아마존까지 끈질기게 이어졌다. 필살기 매트릭스를 만들고, 역할을 재설계하고, 오너십 루프를 돌렸다.

물론 실패의 연속이었다. '공포의 엑셀'이라 불리던 KPI 시스템과 싸우고, 몇 개월간 팀의 침묵에 무력감을 느꼈다. 한 팀원은 내게 적응하느니 차라리 다른 기회를 선택했다.

"팀장님은 너무 열심히 하시는데… 부담스러워요"
이직 면담에서 들은 이 말은 오래도록 가슴에 남았다.

하지만 그 실패들이 가르쳐준 게 있다. 리더십은 분위기가 아니라 구조다. 카리스마의 문제가 아니라, 예측 가능한 시스템을 설계하는 일이라는 것을.

　점점 변화가 일어났다. 동료들이 서로의 강점을 인정하기 시작했고, "피드백 시간이 기다려진다"는 말이 나왔다. 그리고 마침내 "월요일이 기다려져요"라는 기적 같은 한마디를 듣게 되었다.

G.R.O.W.T.H. : 구조가 만드는 기적

　이 책은 그 10년이 넘는 리더십 실험 기록이다. 성과 압박과 동료의 성장 사이에서 갈등하며, 쪼지 않고도 몰입을 이끌어낼 구조를 찾아간 여정이다. 그 핵심이 바로 G.R.O.W.T.H. 프레임워크다.

　Goal: 같은 방향을 보게 하는 북극성
　Role: 강점이 시너지가 되는 역할 설계
　Ownership: '시키는 일'을 '내 일'로 바꾸는 전환
　Well-being: 기여하면서도 안전한 환경
　Trust: 말이 아닌 시스템으로 쌓는 신뢰
　Human: 구조가 담지 못하는 따뜻한 연결

　각 챕터는 실제 문제 상황에서 출발해, 사르트르의 실존주의부터 아마존 리더십 원칙까지 철학적·이론적 통찰을 더하고, 구체적 해결 과정과 바로 적용 가능한 실험으로 마무리된다.

당신의 실험을 시작하라

완벽한 성공담은 아니다. 오히려 실패가 더 많았다. 정답을 제시하는 책도 아니다. 나 역시 여전히 실험 중이니까.

다만 먼저 시도해본 동료로서, 함께 고민하는 리더로서, 내 경험이 당신의 실험에 작은 불씨가 되길 바란다.

좋은 리더는 정답을 아는 사람이 아니라, 함께 실험하는 사람이다. 이제 당신의 차례. 쪼지 않고도 성과를 내는 구조, 모두가 기여하고 싶어하는 팀을 만들고 싶다면, 이 여정을 함께 시작해보자. 각 챕터 끝에는 오늘부터 시도할 수 있는 작은 실험들을 담았다.

Express (5분): 오늘 당장 시도할 것
Standard (15분): 이번 주 실험
Deep (30분): 본격적인 구조 설계

부록은 QR 형태로 제공되어, 북극성 워크숍 가이드, 역할 설계 템플릿, 실험 기록장 등을 현업에서 바로 활용할 수 있도록 했다.

지금도 어디선가 팀과 씨름하고 있을 리더들에게. 우리 함께 실험해보자. 서로가 서로의 성장을 돕는 그런 팀을.

2025년, 서울에서
백민자

차례

프롤로그   7

Chapter 1 '팀원은 쪼아야 제맛'이라는 조언

1. 첫 리더, 첫 번째 질문   26
2. "쪼아야 제맛"이라는 명쾌한 공식   28
3. 한 시간의 항변: 쪼지 않겠다는 나의 선언   30
4. 자유를 잃은 팀, 실존을 회복시키는 리더십   32
5. '네' 뒤에 숨은 진짜 생각을 듣는 법   34
6. 아마존 LP: Ownership   36

Chapter 2 '젖은 낙엽'이 되지 않기로 결심했다

1. 나의 기준이 부메랑이 되는 경험   46
2. 팀의 문화는 나와 달랐다   50
3. 던져진 리더, 팀의 세계를 이해하다   53
4. 침묵 속에서 늘어야 할 것들   55
5. '공포의 엑셀'과의 6개월 대화   57
6. 선입견을 넘어, 새로운 경험으로   61
7. 아마존 LP: Are Right, A Lot   63

Chapter 3 팀의 '필살기'를 발견하다

1. "저 친구는 이런 거 잘해요"에서 시작된 실마리　　72
2. 잠재력에서 현실태로　　74
3. '필살기 매트릭스'의 탄생　　76
4. 각자의 고유성을 인정할 때　　79
5. 강점이 기여가 될 때, 팀이 움직인다　　81
6. 아마존 LP: Hire and Develop the Best　　84

Chapter 4 Goal: 하나의 방향을 보게 하다

1. '각자'의 최선이 '모두'의 실패가 될 때　　94
2. 왜(Why)에서 시작하라　　95
3. 숫자가 아닌 의미 있는 Goal이 필요한 이유　　97
4. 의미를 찾는 인간　　99
5. 팀의 One True Why를 만드는 구체적 방법　　101
6. 모든 것에는 목적이 있다　　103
7. 아마존 LP: Customer Obsession　　105

Chapter 5 Role: 역할 설계가 팀의 시너지를 만든다

1. 선의의 충돌: 각자 최선을 다하는데 왜 팀이 안 움직이지?   114
2. 협력적 탐구: 함께 문제를 푸는 방법   116
3. '팀 역량 지도'를 그리다: 선의를 시스템으로 연결하기   118
4. 의사소통의 구조적 개선   121
5. 역할은 '고정'이 아니라 '진화'한다: 성장하는 시스템 설계   123
6. 리더의 역할 혁명: 지휘자에서 음악 감독으로   126
7. 아마존LP: Invent and Simplify   128

Chapter 6 Ownership: 기여의 판을 깔아주는 것이다

1. 반복 업무에 묻힌 강점들   138
2. 소외된 노동에서 주체적 노동으로   139
3. 기여를 공시화하는 오너십 모델   141
4. 자아실현으로서의 오너십   143
5. 강점 시너지로 만든 1.5 x 5 = 15 성과   145
6. 오너십이 부담이 될 때   147
7. 아마존 LP: Bias for Action   149

Chapter 7 Well-being: 실패해도 괜찮다는데, 왜 불안할까?

1. 성과를 내는 팀은 정말 '행복'할까? — 160
2. 소유에서 존재로 — 162
3. 심리적 안전감을 넘어, '기여적 안정감'으로 — 164
4. 나와 너의 관계 — 166
5. 기여적 안정감을 만드는 세 가지 구조 — 168
6. "피드백 시간이 기다려져요"라는 변화 — 172
7. 아마존 LP: Strive to be Earth's Best Employe — 173

Chapter 8 Trust: 공정한 시스템이 신뢰를 만든다

1. 신뢰, 말로는 쉽다 — 184
2. 신뢰는 복잡성을 줄이는 메커니즘이다 — 187
3. '감정'의 신뢰에서 '시스템'의 신뢰로 — 189
4. 정의로운 시스템으로서의 공정성 — 192
5. 리더 역할의 진화: 허브 → 도로 → 설계자 — 194
6. 신뢰를 구축하는 세 가지 투명성 시스템 — 196
7. 아마존 LP: Earn Trust — 201

Chapter 9 Human: 시스템은 완벽한데 왜 서운할까?

1. 연결되지 않은 기여: 시스템에 남고 마음엔 남지 않는 순간   212
2. 시스템 너머의 얼굴   214
3. 불편한 감정 앞에서, 리더가 꺼내야 할 말   216
4. 비폭력 대화의 구조   218
5. 사실 기반 피드백의 세 단계   220
6. 연결은 설계될 수 있다: 감정도 구조가 필요하다   222
7. 아마존 LP: Have Backbone; Disagree and Commit   227

Chapter 10 "암 걸릴 것 같다고요!" 최악의 위기를 최고의 기회로

1. 평온한 바다에 불어닥친 폭풍   236
2. 안티프래질: 위기로 더 강해지는 시스템   238
3. '개인의 고통'을 '팀의 문제'로 재정의하기   240
4. G.R.O.W.T.H. 구조를 위기 상황에 적용하다   242
5. 타자의 얼굴: 숫자 뒤에 숨은 감정을 보다   244
6. 위기가 기회로 변하는 과정   246
7. 절망에서 믿음으로   249
8. 아마존 리더십 원칙: Deliver Results   251

Chapter 11 협업의 단절을 흐름으로: 예측 가능한 연결 설계

1. 내부는 잘 돌아가는데, 외부에서 막히는 답답함 260
2. 각자의 언어 게임 262
3. 협업을 시스템화하자: 예측 가능한 연결 구조 설계 264
4. 의사소통의 조건 267
5. 협업에도 '기여적 안정감'이 필요하다 269
6. 협업도 도구다 존 듀이: 도구주의화 271
7. 발명하고 단순화하라 272
8. 아마존 LP: Think Big 275

Chapter 12 회복의 리듬 만들기: 90일 실험 루프 설계

1. 팀은 기계가 아니다: 회복에도 구조가 필요하다 284
2. 리듬의 부재가 가져온 불균형 287
3. 영원회귀: 리듬의 철학 289
4. 90일 실험 루프의 3가지 원칙 291
5. 존재와 시간: 회복의 시간성 294
6. 리듬이 만든 변화들 296
7. 중용: 균형의 철학 298
8. 아마존 LP: Bias for Action 300

Chapter 13 회복의 구조를 측정하다: 평가가 아닌 돌봄의 도구

1. 빨간색으로 물들여진 시작   310
2. 감시와 처벌을 넘어서   312
3. 변화를 읽는 눈   314
4. 측정의 한계   316
5. 숫자와 이야기의 조화   318
6. 아마존 LP: Insist on the Highest Standards   319

Chapter 14 거인의 어깨를 떠나다: 나만의 실험실을 만들다

1. 성과는 숫자를 넘어 함께 만든 기억으로 남는다   328
2. 제로베이스에서 시작하는 새로운 증명   330
3. 작은 실험실에서 시작하는 구체적 실험들   331
4. 아마존 LP: Learn and Be Curious   334

에필로그   340
부록. 당신의 리더십 실험을 위한 도구함   345

"효과적인 리더십은 연설을 하거나 호감을 받는 것이 아닙니다.

리더십은 속성이 아니라 결과에 의해 정의됩니다"

"Effective leadership is not about making speeches or being liked;

leadership is defined by results, not attributes"

— 피터 드러커 (Peter F. Drucker)

CHAPTER 01

"팀원은 쪼아야 제맛"

이라는 조언

리더십은 지위나 특권이 아니라 책임이다.

– 피터 드러커 (Peter Drucker)

"팀원은 쪼아야 제맛"
이라는 조언

내가 바뀌어야 팀이 바뀐다. 리더십은 늘 나로부터 시작된다.
"팀원은 쪼아야 제맛이라는데, 정말 그럴까?"

첫 팀장이 되던 날, 선배가 건넨 이 한마디에 저는 한 시간 동안 반박했습니다. 하지만 증명할 수 있는 건 아무것도 없었죠. 그저 가슴 한편의 답답함과 '다른 길이 있을 거야'라는 막연한 믿음뿐이었습니다.

이 장은 쪼는 것 없이도 성과를 내겠다는 무모한 도전의 시작입니다. 실패의 수 개월을 거쳐 깨달은 단순한 진실 - 팀원이 문제가 아니라 구조가 없었을 뿐이라는 것. 압박이 아닌 구조로 성과를 내겠다는 신념은 증거가 없어도 시작할 수 있습니다. 중요한 건 다른 길이 있다는 믿음과 실험하려는 용기입니다.

팀원에게는 기여할 의욕이 있습니다. 다만 기여할 '판'이 없을 뿐입니다. 지금부터 그 첫 번째 실험실 이야기로 들어가 보겠습니다.

1. 첫 리더, 첫 번째 질문

2015년 5월, '성과 잘 내는 실무자'로 살던 제게 갑작스럽게 '팀장'이라는 기회가 찾아왔습니다.

"이 팀, 네가 한번 맡아보면 어떨까?"

글로벌 IT 회사에서 일하던 시절, 비즈니스 개발 부문 전무님의 제안이었습니다. 15년 동안 컨설팅팀과 사업개발팀에서 일하며 회사에서 원하는 결과를 달성해온 저였지만, '팀장'이라는 역할은 전혀 다른 차원의 일이었습니다. 실무자로서의 성공 공식이 팀에는 통하지 않는다는 걸, 저는 첫날부터 절감하게 되었습니다.

첫 팀 미팅에서 입사 2년 차 팀원이 던진 질문이 지금도 생생합니다. "팀장님 방식은 이해했는데요. 저희는 팀장님 같은 경력도, 고객 네트워크도 없잖아요. 어떻게 똑같이 할 수 있죠?"

그날 이후, 나는 더 이상 실무자가 아니었습니다. 나의 방식이 통하지 않는 세계에 던져진 초보 리더였습니다. 제 성공 방정식은 철저히 개인의 경험에서 비롯된 것이었고, 팀의 현실과는 전혀 맞지 않았던 겁니다.

특히 제가 처음 리딩하게 된 팀은 그 반응이 더 차가웠습니다. 회의 중에도 대부분 휴대폰을 들여다봤고, 업무 요청에는 건성으로 반응하곤 했습니다. '또 금방 포기하겠지'라는 듯한 무언의 압박감이 공기 중에 흐르고 있었죠.

그때 저는 부딪혀보고서야 알게 되었습니다. 개인의 성공과 팀 리더십은 전혀 다른 게임이라는 것을. 내가 익숙하고 잘해왔던 방식만으로는 팀을 이끌 수 없다는 현실 말이죠. 그래서 처음부터 다시 배워야 했습니다. 팀을 구성하는 요소, 리더의 역할, 그리고 제가 중요하다고 믿었던 일의 순서까지도요.

그 변화는 하나의 질문에서 시작됐습니다.
"이 팀이, 왜 나를 따라와야 하지?"

마치 역삼역 한복판에서 가장 높은 빌딩을 찾듯, 처음에는 무엇이 중요하고 어디로 가야 할지 알기 어려웠습니다. 답은 '성과'가 아니었습니다. 그들도 성과를 원했습니다. 다만, 그 성과에 다가가는 경로가 저와 달랐던 거예요. 그 차이를 인정하고 이해하기까지, 저는 꽤 많은 벽에 부딪혀야 했습니다.

2. "쪼아야 제맛"이라는 명쾌한 공식

막막했던 저에게 경험 많은 선배들은 아주 명쾌한 해법을 제시했습니다.

"복잡하게 생각할 거 없어. 매트릭스 만들어서 매주 체크하고, 그걸로 쪼기만 하면 돼. 그게 제일 확실해"

당시 회사에서 훌륭하다고 인정받는 영업 매니저들은 '압박형 리더십'을 검증된 성공 공식으로 여겼습니다. KPI로 팀원을 관리하고, 숫자로 압박하며 성과를 끌어내는 방식. 그것이 그 시대의 표준이었죠.

"쪼는 스킬이 부족해서 그래. 더 강하게 눌러야 해"

선배들의 조언은 한결같았습니다. 하지만 컨설턴트 시절부터 '과정의 중요성'을 믿었던 저에게, 이 방식은 너무나 차갑게 느껴졌습니다. 마음 한구석에서는 계속 질문이 떠올랐어요.

'왜 꼭 압박해야만 성과가 날까? 다른 길은 정말 없을까?'

결국 저는 용기를 내어 그 공식에 반문했습니다.

"선배님, 왜 꼭 쪼아야만 팀원들이 움직인다고 생각하십니까?"

그날의 논쟁은 한 시간을 넘기며 끝내 결론 없이 끝났지만, 저에겐 분명한 시작이었습니다. 경험이 부족한 제 의견이 선배에게는 현실을 모르는 이상론으로 들렸을 수도 있습니다.

"그렇게 하다가는 언젠가 실적에 구멍이 날 거야. 사람은 철저하게 관리하지 않으면 느슨해지게 마련이야"

선배의 말에는 수년간의 경험이 묻어있었습니다. 동기 관리의 어려움, 성과 유지의 부담, 명확한 숫자 관리의 효율성. 그가 말하는 현실의 무게를 저도 이해할 수 있었습니다.

그럼에도 뭔가 다른 방법이 있을 거라고 생각했습니다.

"저는 우리가 함께 갈 방향을 명확히 하고, 그 과정을 의미 있게 만든다면, 팀원들이 스스로 기대 이상의 성과를 만들 거라고 믿습니다"

서툴지만 확고한 저의 대답이었습니다. 세대가 바뀌고 환경이 달라지면서, 압박형 리더십이 더는 통하지 않는다는 걸 현장에서 계속 느끼고 있었거든요. 매주 월요일마다 "지난주 실적이 왜 이래?"로 시작하는 회의, 빨간 숫자를 보며 움츠러드는 팀원들, 그리고 점점 늘어가는 이직률. 흔한 보통 영업팀의 모습이지만, 이런 경우 대부분 퇴사 면담에서 이렇게 말한답니다.

"회사에서 칭찬받은 기억보다 혼난 기억만 남아요. 이제는 그냥 혼나지 않을 정도로만 일하고 싶어졌어요"

압박으로 얻은 성과는 숫자만 남기고, 사람은 떠났습니다. 그것이 내가 본 압박형 리더십의 결말이었습니다.

3. 한 시간의 항변
쪼지 않겠다는 나의 선언

다행히 전무님은 저의 도전을 기꺼이 지원해 주셨습니다. 때로는 논쟁하고 부딪히면서도, 결국 저를 믿고 기다려주셨어요. 그 신뢰가 없었다면 제 리더십 실험은 시작도 못 했을 꺼예요.

저는 그 지지 속에서 첫 번째 원칙을 세웠습니다.
"쪼지 않고도 팀원들과 함께 성과를 만들 수 있다는 것을, 그리고 그것이 더 지속 가능한 방식임을 증명하겠다"

그 시작은 '숫자를 어떻게 다룰 것인가'에 대한 고민이었습니다. KPI 자체가 문제가 아니라, 그것을 어떻게 활용하느냐가 중요하다고 생각했죠. 이 작은 다짐은, 이후 팀원들과 수 개월에 걸쳐 '숫자'의 의미를 다시 정의하는 실험으로 이어졌습니다. 팀원들이 숫자에 쫓기는 대신, 자신의 기여를 확인하고 성장을 측정할 수 있는 구조를 만들고 싶었습니다.

하지만 솔직히 고백하자면, 처음부터 이런 생각을 할 수 있었던 건 아니고 여전히 만들어가는 중입니다. 한 번은 중요한 행사 진행을 앞두고 팀원들에게 "이번 행사, 조금만 더 힘내자"라며 원하는 데이터를 뽑고 준비하기 위해 야근을 당연시했던 적이 있었습니다.

결과는? 목표는 달성했지만, 한 팀원이 조용히 말했죠.

"팀장님, 우리 다음 번에는 좀 자동화된 다른 방법을 찾으면 좋겠어요. 너무 힘들었어요"

그 순간 제 모습이 보였습니다. 내가 '함께'라고 말하면서도 실제로는 혼자 앞만 보고 달렸다는 것을요. 스스로 기여하고 싶은 구조를 만든다는 명목으로 일에 몰두했지만, 정작 팀원들의 기여를 쥐어짜듯 몰아쳤던 거죠. 그 방식은 팀원들에게 쉼이 없는 긴장감을 만들었고, 결국 번아웃이라는 이름으로 되돌아왔습니다. 이 경험이, 이후 제가 팀 문화와 소통 방식을 다시 돌아보게 만든 계기가 되었습니다.

물론 이 길이 쉽지 않을 걸 알았습니다. 기존 방식에 익숙한 팀원들에게 제 접근법은 낯설거나 심지어 '나약한 리더십'으로 비칠 수도 있었죠.

그래도 일방적으로 끌고 가는 대신 함께 걸어가는 리더가 되고 싶었습니다. 정답을 강요하는 대신 함께 질문하는 리더. 그런 리더가 되어 팀원들과 함께 성장하는 구조를 만들어 보기로 했습니다.

바로 여기서부터, 완벽한 답을 찾기보다는 작은 가설을 세우고 실험하며 실패하면 다시 설계하는, 저의 진짜 리더십 여정이 시작되었습니다.

4. 자유를 잃은 팀, 실존을 회복시키는 리더십

사르트르: 실존이 본질에 앞선다

이 철학이 내 리더십을 바꾼 이유는 단 하나였습니다. 팀원들이 '도구'가 아니라 '주체'라는 것을 명확히 인식하게 만들었기 때문입니다.

장 폴 사르트르는 "실존이 본질에 앞선다"고 말했습니다. 인간은 태어날 때 정해진 본질이 없으며, 스스로의 선택과 행동을 통해 자신을 만들어간다는 의미입니다. 그런데 압박형 리더십은 팀원들에게 '나쁜 믿음(mauvaise foi)'을 강요합니다.

사르트르가 말한 '나쁜 믿음'이란 자신의 자유와 책임을 부정하고, 마치 자신이 선택할 수 없는 존재인 것처럼 행동하는 것입니다. "시키는 대로만 해야 해", "어차피 내 의견은 중요하지 않아"라며 스스로의 자유를 포기하는 순간, 팀원들은 수동적인 존재로 전락합니다.

압박형 리더십 아래에서 팀원들은 이렇게 말합니다.

"저는 그냥 시키는 일만 하는 사람이에요"
"제 생각은 중요하지 않아요. 어차피 결정은 위에서 하니까요"
이것이 바로 '나쁜 믿음'입니다. 자신의 선택권과 책임을 스스로 포기하고, 마치 자신이 단순한 '도구'인 것처럼 행동하는 것이죠. 하지만 사르트르는 강조합니다. 인간은 언제나 선택할 수 있으며, 그 선택에 대한 책임을 질 수밖에 없다고 말이죠.

리더의 진짜 역할은 팀원들이 이 '나쁜 믿음'에서 벗어나도록 돕는 것입니다. 팀원들이 스스로를 창조해나갈 수 있는 구조를 제시하는 것. 그들이 자신의 자유와 책임을 온전히 인식하고, 주체적으로 일할 수 있는 환경을 만드는 것. 그것이 압박이 아닌 구조로 성과를 내는 첫걸음입니다.

제가 첫 팀 미팅에서 팀원의 질문에 답하지 못했던 이유도 여기에 있습니다. 저는 무의식중에 팀원들을 '저를 따라야 하는 존재'로 여겼습니다. 하지만 사르트르의 철학은 저에게 물었습니다. "팀원들은 당신을 따라야 하는 존재가 아니라, 스스로 선택하고 창조하는 존재가 아닌가?"

압박형 리더십은 팀원들의 선택권을 박탈합니다. 하지만 구조 중심 리더십은 팀원들이 자신의 방식으로 성과를 만들어낼 수 있는 '판'을 제공합니다. 그것이 진정한 의미에서 팀원들의 실존을 인정하는 것입니다.

5. '네' 뒤에 숨은 진짜 생각을 듣는 법

쇼스타코비치: 침묵 속의 진실

소련 시대 작곡가 드미트리 쇼스타코비치는 스탈린 독재 아래에서 작품 활동을 했습니다. 그는 공개적으로는 체제를 찬양하는 듯한 음악을 작곡했지만, 그 이면에는 저항과 비판의 메시지를 숨겨두었습니다. 그의 음악을 깊이 들어보면, 표면적인 화려함 속에 숨겨진 불협화음과 긴장감이 느껴집니다.

압박형 리더십 아래의 팀원들도 마찬가지입니다. 그들은 겉으로는 "알겠습니다", "하겠습니다"라고 말하지만, 실제로는 진정한 생각이나 문제를 숨긴 채 '연기'하고 있을 가능성이 큽니다.

제 첫 팀이 그랬습니다. 회의 중에 휴대폰을 들여다보고, 업무 요청에 건성으로 반응했던 그들. 겉으로는 "네, 알겠습니다"라고 대답했지만, 실제로는 '또 금방 포기하겠지'라는 불신을 숨기고 있었던 것이죠.

회의 시간에 아무도 반대 의견을 내지 않지만, 회의가 끝나면 복도에서 불만이 터져 나옵니다. 리더 앞에서는 "잘 진행하고 있습니다"라고 보고하지만, 실제로는 해결되지 않은 문제들이 쌓여가고 있죠. 이것이 바로 '침묵 속의 진실'입니다.

쇼스타코비치의 음악을 이해하려면 표면이 아닌 그 이면을 들어야 하듯, 리더는 팀원들의 '침묵'을 읽어내는 능력이 필요합니다. 이것이 바로 '침묵의 윤리학'입니다.

리더가 해야 할 질문은 이것입니다.

- "지금 이 침묵은 진짜 동의인가, 아니면 말하지 못하는 것인가?
- "이 '네'라는 대답 뒤에 숨겨진 진짜 생각은 무엇인가?"

압박형 리더십은 팀원들을 침묵하게 만듭니다. 선배들이 제게 조언했던 "매트릭스 만들어서 매주 체크하고 쪼기만 하면 돼"라는 방식은, 팀원들이 진실을 말하지 못하게 만드는 구조였습니다.
하지만 진짜 리더십은 그 침묵을 깨고, 진실이 안전하게 나올 수 있는 구조를 만드는 것입니다. 제가 팀원에게 "다음 번에는 자동화된 방법을 찾으면 좋겠어요"라는 말을 들었을 때, 비로소 그 팀원은 침묵을 깨고 진실을 말할 수 있었습니다. 그것이 바로 구조가 만들어낸 변화였습니다.

6. 아마존 LP : Ownership (주인의식)

'내 일'이 되는 순간, 성과는 따라온다

아마존의 리더십 원칙 중 Ownership(주인의식)은 압박형 리더십과 구조 중심 리더십의 차이를 명확히 보여줍니다. 이 원칙은 "리더는 장기적으로 생각하고, '그건 제 일이 아닙니다'라고 말하지 않습니다"라고 정의됩니다.

압박형 리더십 아래에서 팀원들은 '임대인'처럼 행동합니다.
"이건 제 일이 아니니까 최소한만 하면 돼요" 임대인은 집을 소중히 다루지 않습니다. 고장 나도 임시방편으로 때우고, 더 나아질 방법을 찾지 않습니다. '내 것'이 아니기 때문입니다.
제가 처음 맡은 팀이 바로 그랬습니다. 회의 중에 휴대폰만 들여다봤고, 업무 요청에 건성으로 반응했습니다. 그들에게는 '내 일'이라는 느낌이 없었기 때문입니다.
반면 구조 중심 리더십은 팀원들을 '주인'으로 만듭니다. 의사결정의 권한을 주고, 실패해도 괜찮다는 심리적 안전망을 제공하며, 단기 성과가 아닌 장기적 성장에 집중하도록 돕습니다.

제가 "쪼지 않고도 성과를 만들 수 있다"고 선언했을 때, 그것은 팀원들을 주인으로 대우하겠다는 약속이었습니다. 선배들이 "쪼는 스킬이 부족해서 그래"라고 조언했던 단기 성과 중심 방식 대신, 팀원들이 지속 가능하게 일할 수 있는 장기적 구조를 만들겠다는 것이었죠.

"회사에서 칭찬받은 기억보다 혼난 기억만 남아요"
퇴사 면담에서 나온 이 말이 단기 성과에만 집중한 결과였다면, 저는 팀원들이 자신의 기여를 스스로 인식하고 책임지는 주인이 되도록 돕는 구조를 만들고 싶었습니다.

리더십은 결국 Ownership을 설계하는 일입니다. 팀원들에게 진정한 주인의식을 부여하고, 장기적 관점에서 함께 성장하는 시스템을 설계하는 것. 그것이 압박이 아닌 구조로 성과를 내는 방법입니다.

Chpater 1 마무리

> 압박은 통제를 낳고, 구조는 주체를 만든다.
> 리더십의 시작은 '쪼기'가 아니라 '판을 설계하는 일'이다.
> 팀원이 스스로 주인이 되는 순간, 성과는 따라온다.

팀원에게는 기여할 의욕이 있습니다. 다만 기여할 '판'이 없을 뿐입니다.

저의 리더십 여정은 바로 이 '판'을 설계하는 실험으로 시작되었습니다. 완벽한 답은 없었지만, 실험하려는 용기가 있었습니다. 사르트르가 말한 팀원들의 자유와 책임을 존중하는 구조, 쇼스타코비치의 음악처럼 침묵 속 진실을 들을 수 있는 리더십, 그리고 아마존의 Ownership 원칙처럼 팀원들이 진정한 주인이 되는 시스템. 그 모든 것이 이 '판'을 만드는 과정이었습니다.

"리더십은 옳은 일을 하는 데서 시작된다. 쉽기 때문이 아니라, 옳기 때문에 그렇게 해야 한다"

— 임마누엘 칸트 (Immanuel Kant)

바로 실험하기: 리더십 점검

Express 5분
지금 떠오른 나의 리더십 스타일 체크

1. 나의 리더십 스타일을 한 문장으로 표현해 보세요.

   나는 _____ 팀이 성과를 낸다고 믿는다.

문장에 다음과 같은 단어가 있나요? 솔직하게 체크해 보세요. 옳고 그름을 판단하는 것이 아닙니다.

압박 ☐	지시 ☐	관리 ☐
통제 ☐	감시 ☐	강요 ☐

Standard 15분
최근 팀 회의 돌아보기

최근 한 달간 팀 회의를 돌아보실 수 있을까요?

1. 전체 회의 시간 중 '보고와 점검'이 차지하는 비율은?

0% ─────────────────────────── 100%

2. 팀원들이 자발적으로 의견을 내는 횟수는?

3. 실패나 문제 상황을 다루는 방식은?

문제나 실패 상황에서 나는 어떤 반응을 보이나요?

- 책임자를 추궁한다 ☐
- 원인 파악에 집중한다 ☐
- 해결 방안을 모색한다 ☐

Deep 30분
이번엔 조금 다른 접근을 해보면 어떨까요?

1. 내가 정말 만들고 싶은 팀의 모습 3가지 적기

1. _____
2. _____
3. _____

2. 기존 방식 중 바꾸고 싶은 것 1가지 선정하기

3. 이번 주에 시도할 작은 변화 1가지 결정하기

4. 팀원들의 반응을 관찰할 구체적 지표 정하기

CHAPTER 02

'젖은 낙엽'이

되지 않기로 결심했다

내가 나아지지 않는다면, 나는 매일 조금씩 나빠지는 것이다.

- 랄프 왈도 에머슨 (Ralph Waldo Emerson)

'젖은 낙엽'이
되지 않기로 결심했다

내가 바뀌어야 팀이 바뀐다. 리더십은 늘 나로부터 시작된다.

"우리는 원래 이렇게 해왔어"

팀장이 되고 처음 들은 이 말은, 제 안에서 묘한 거부감을 일으켰습니다. '원래'라는 단어 뒤에는 변화를 거부하는 관성이 숨어 있었거든요. 매일 반복되는 똑같은 회의, 똑같은 지시. 젖은 낙엽처럼 바닥에 달라붙어 움직이지 않는 팀의 모습.

저는 그런 리더가 되고 싶지 않았습니다.

하지만 더 큰 문제는 따로 있었습니다. 제가 '젖은 낙엽'을 거부하며 내세운 '변화'와 '성장'의 기준이, 알고 보니 제 기준일 뿐이었다는 것. 성과를 내던 개인에서 팀의 성장을 책임지는 리더로 역할이 바뀌었지만, 저는 여전히 개인의 언어로 팀을 이해하려 했습니다.

이 장은 그 낯선 역할 전환 속에서 마주한 첫 번째 균열과, 그 균열을 통해 보게 된 진실의 기록입니다. 리더의 기준을 팀에 강요하면 안 된다는 것. 팀의 문화와 속도를 이해하고, 그 안에서 변화를 만들어가는 것이 진짜 리더십이라는 것을 배워가는 과정 말이죠.

1. 나의 기준이 부메랑이 되는 경험

Chapter 1에서 '팀원은 쪼아야 제맛'이라는 공식에 반기를 들었지만, 막상 '어떤 리더가 될 것인가'라는 질문 앞에서는 막막했습니다.

전자공학부를 졸업하고 줄곧 컨설턴트로만 생활했던 저에게, 리더십은 가보지 않은 미지의 길이었습니다. 그래서 나중에 MBA 과정을 통해 체계적으로 조직 행동과 리더십을 공부하게 되는데, 그건 또 다른 이야기고... 당시의 저는 정말 막막하기만 했어요.

한 가지 분명한 것은, 회사 생활을 오래 하며 목격한 '관성에 젖은 리더십'을 반복하고 싶지 않다는 것이었습니다.

"우리는 원래 이렇게 해왔어" "작년에도 했으니까 올해도 하자"

매일 반복되는 똑같은 회의, 똑같은 지시. 새로운 시도는 위험하다며 현상 유지만을 고집하는 분위기. 그런 환경에서는 팀원들도 점차 도전을 포기하고, 최소한의 일만 하게 되더라구요.

젖은 낙엽처럼 한번 바닥에 달라붙으면 떨어지지 않는 그런 모습. 변화의 바람이 불어도 움직이지 않고, 팀의 활력이 서서히 사라지는 풍경. 그런 리더가 되고 싶지는 않았습니다.

특히 저 자신이 어느새 '작년 자료 그대로 쓰면 되지 않나?'라고 생각하는 순간을 포착했을 때는 정말 놀랐습니다. '아, 나도 모르게 관성의 늪에 빠지고 있구나'

이런 자각이 오히려 저를 움직이게 만들었습니다. 리더가 된 이상, 저부터 계속 새로운 시도를 해야겠다고 생각했습니다. 팀원들이 변화를 자연스럽게 받아들일 수 있도록, 제가 먼저 실험하는 모습을 보여주고 싶었습니다.

그래서 팀장이 된 후 팀원들과 면담할 때 자주 나눴던 대화가 있습니다.

"○○님, 5년차시죠? 그동안 어떤 변화들이 있었나요?"

"음... 솔직히 비슷한 프로젝트를 반복한 것 같아요"

"저도 그런 시기가 있었어요. 근데 어느 순간 알게 됐죠. 5년 경력이라고 해도, 같은 방식만 반복하면 사실 결국 같은 1년을 다섯 번 반복한 셈이더라고요"

"그래서 전 이렇게 생각해요. 똑같은 업무라도 매년 조금씩 다르게 새로운 방식으로 접근하면, 그게 진짜 5년의 경력이 되는 거 아닐까요?"

이런 '경력의 중복 제거' 철학은 제가 정말 중요하게 생각하는 가치였습니다. 10년 후에 정말 10년의 깊이를 가진 전문가가 되려면, 매년 새로운 시도가 필요하다고 믿었거든요.

이 말을 하면서 저 자신에게도 다짐했습니다. 리더로서도 매일 똑같은 방식만 반복해서는 안 된다고.

문제는, 이런 제 기준을 모든 팀원들에게 똑같이 기대했다는 점입니다.

처음 팀장이 되었을 때, 저는 누구보다 열정적이었습니다. IT 컨설턴트와 비즈니스 전략팀에서 일하면서 쌓은 경험을 바탕으로 성과를 내온 저만의 성공 방식이 있었고, 그 경험을 팀에 전수해주고 싶었습니다. 아침 회의부터 저녁 늦게까지 팀원들과 함께하려 했고, 자주 미팅을 하며 그들의 문제를 직접 해결해주겠다는 의욕에 넘쳤습니다.

하지만 그 열정이 오히려 독이 될 수 있다는 사실을 알게 된 것은, 한 팀원과의 이직 면담에서였습니다.

"팀장님은 너무 열심히 하시는데요."

잠시 침묵이 흘렀습니다. 그의 표정에서 뭔가 말하기 어려워하는 기색이 역력했어요.

"어, 그게... 부담스러우셨나요?"

"사실... 조금요. 저는 그냥 좀 더 제 시간을 갖고 즐기면서 회사 생활을 하고 싶어요"

그 말은 생각보다 오래 머릿속을 맴돌았습니다. 뇌보다 가슴이 먼저 움츠러드는 느낌이었습니다. 저는 좋은 리더가 되기 위해 노력하고 있다고 믿었지만, 팀원의 눈에 비친 저의 '열심'은 부담스러운 '강박'이었던 것입니다.

저 혼자 앞서 달리는 외로운 마라톤을 뛰고 있었을 뿐, 팀은 저를 따라오고 있지 않았습니다.

그때 문득 제 커리어를 돌아보니, 저도 늘 같은 속도로 달려온 건 아니었더라고요. 프로젝트에 깊이 몰입할 때도 있었고, 재충전을 위해 천천히 갈 때도 있었습니다. 그 모든 시간이 다 의미 있었고, 오히려 그런 리듬이 있었기에 지속 가능했던 거죠.

팀원들도 마찬가지였습니다. 각자의 속도와 리듬이 있고, 그것을 인정하고 함께 조율해가는 것이 진정한 팀워크 아닐까요? 제가 정한 속도에 모두를 맞추려 했던 건, 팀을 위한다는 착각이었을지도 모릅니다.

그때 조금씩 이해하기 시작했습니다. 리더의 역할은 자신의 성공 방식을 팀에 복제하는 것이 아니라, 팀원 각자가 자신의 속도와 방식으로 성장할 수 있는 환경과 구조를 설계해주는 것임을.

2. 팀의 문화는
나와 달랐다

저의 낡은 생각을 더욱 확신하게 만든 것은 거창한 사건이 아닌, 매일 반복되는 점심시간이라는 사소한 풍경이었습니다.

게다가 저는 팀에게 '굴러온 돌' 같은 존재였습니다. 이전에 속하지 않았던 팀의 팀장이 된다는 것, 그것은 생각보다 큰 벽이었습니다.

첫 팀 미팅 때를 아직도 잊을 수 없습니다. 팀원들에게는 이미 함께 일해온 역사가 있었고, 그들만의 암묵적 규칙과 리듬이 있었습니다. 그런데 저는 그 맥락을 전혀 모르는 외부인이었죠. 그들이 왜 그렇게 일하는지, 어떤 시행착오를 겪었는지, 무엇을 소중히 여기는지 알지 못했습니다.

제가 자기소개를 하는 동안 팀원들은 환영하는 듯 어색하게 웃다가 금세 무표정으로 돌아갔습니다. 마치 '또 왔구나, 이번엔 뭘 바꾸려고 할까?'라는 피로감이 묻어났죠. 특히 한 베테랑 팀원이 한숨을 쉬며 고개를 돌리던 모습이 아직도 선명합니다.

그 한숨의 의미를 나중에야 이해했습니다. 그는 이미 여러 명의 팀장을 겪었고, 매번 새로운 리더가 올 때마다 "이번엔 달라질 거야"라는 기대와 실망을 반복했을 겁니다. 그에게 저는 또 다른 변화의 시도일 뿐이었죠.

실무자 시절, 저는 선배나 동료들과 함께 밥을 먹으며 자연스럽게 소통하는 문화에 익숙해져 있었습니다. 그래서 리더가 되어서도 당연히 팀원들과 함께 점심을 먹는 그림을 상상했죠.

하지만 2015년 5월, 제가 팀장으로 간 팀의 현실은 전혀 달랐습니다. 12시가 되자마자 팀원들은 순식간에 사라졌습니다. 각자 약속을 잡고 식당으로 향하거나, 운동을 하거나, 자신만의 시간을 갖기 위해 흩어졌습니다.

점심시간이면 어느새 썰물처럼 빠져나가 텅 빈 사무실에 홀로 남겨졌을 때, 저는 이 팀에서 저만 이방인이라는 생각에 깊은 소외감을 느꼈습니다. 완전히 새로운 출발점에 서 있다는 걸 실감하는 순간이었죠.

특히 기존 방식에 익숙했던 베테랑들에게 저의 '함께 성장' 접근법은 그 자체로 낯설고 불편했을 겁니다. 때로는 제 서투른 시도들이 '틀린 리더십'으로 오해받으며 그들의 마음속 저항감을 키웠을지도 모릅니다.

실제로 한 팀원은 얼마 지나지 않아 팀을 떠났습니다. 이직 면담에서 그녀는 담담하게 말했습니다. "밖에 좋은 기회가 있어서 이직합니다"

당시엔 그 짧은 대답이 서운했지만, 지금 생각해보면 이해가 됩니다. 낯선 저라는 사람에게 적응하는 시간과 에너지를 쓰기보다는, 이미 펼쳐진 다른 기회를 선택한 거겠죠. 마음만 먹으면 얼마든지 다른 기회를 찾을 수 있었으니까요.

시간이 흐른 지금, 그 팀원이 조금만 더 함께했더라면 어땠을까 하는 아쉬움이 남습니다. 서로를 이해하고 함께 성장할 수 있는 시간이 조금만 더 있었다면 말이죠. 하지만 그때의 저는 그런 시간을 만들어낼 역량이 부족했습니다.

"아, 내가 완전히 낯선 존재구나"

이상한 아이러니였습니다. 팀장이 되었지만 오히려 팀과의 거리는 더 멀어진 것 같았습니다. 저는 곧 이해하게 되었습니다.

실무자 시절에는 동료들과 자연스럽게 가까웠습니다. 같은 일을 하고, 같은 고민을 나누며, 같은 눈높이에서 대화했죠. 하지만 팀장이 된 순간, 보이지 않는 선이 그어졌습니다. 직급이 아니라 역할이 거리를 만든 겁니다. 이것은 저에 대한 거부가 아니라, 새로운 세대의 문화라는 것을. 그들에게 점심시간은 팀의 연장선이 아니라, 누구에게도 방해받지 않는 온전한 개인의 시간이었습니다. 제가 당연하다고 여겼던 문화는 과거의 것이었고, 저는 저의 언어로만 팀을 이해하려 했던 것입니다.

그렇다면 저도 바뀌어야 했습니다. 그들의 방식을 존중하면서도, 팀이 함께 성장할 수 있는 새로운 소통의 방식을 찾아야 했습니다.

문제는 '어떻게'였습니다. 점심을 같이 먹지 않으면서도 연결될 수 있을까? 각자의 개인 시간을 존중하면서도 팀워크를 만들 수 있을까? 저의 낡은 방식을 고집하지 않으면서도, 팀을 하나로 만들 수 있을까? 답을 찾기 위한 실험이 시작되었습니다.

3. 던져진 리더, 팀의 세계를 이해하다

하이데거: 세계-내-존재

이 철학이 제게 위안이 된 이유는 단 하나였습니다. 제가 느끼는 이 소외감과 낯섦이 '실패'가 아니라, 새로운 세계에 '던져진' 자연스러운 상태라는 것을 알려주었기 때문입니다.

마르틴 하이데거(Martin Heidegger, 1889-1976)는 20세기를 대표하는 독일 철학자로, 현상학과 실존주의 철학에 지대한 영향을 끼쳤습니다. 그의 저서 '존재와 시간(Sein und Zeit, 1927)'에서 인간을 '세계-내-존재(Being-in-the-world)'로 정의했습니다.

우리는 그냥 세계에 '있는' 것이 아니라, 특정한 맥락과 관계 속에 '던져진' 존재라는 것이죠. 그리고 이 '던져진 상태(thrownness)'는 우리가 선택할 수 없습니다.

저는 이 팀에 '던져진' 리더였습니다. 제가 선택한 것도 아니고, 팀원들이 원한 것도 아닌, 그저 회사의 결정으로 이 자리에 놓인 것이었습니다. 그리고 이 팀은 저와는 전혀 다른 '세계'를 가지고 있었습니다.

하이데거는 말합니다. 우리는 자신이 속한 세계를 당연하게 여기지만, 그 세계는 사실 특정한 문화와 관계, 그리고 이해의 방식으로 구성되어 있다고 말이죠.

저에게는 '함께 점심 먹기'가 소통의 자연스러운 방식이었습니다. 하지만 이 팀의 '세계'에서는 '각자의 점심시간'이 자연스러운 방식이었습니다.

저에게는 '경력의 중복 제거'가 당연한 성장의 철학이었지만, 어떤 팀원에게는 '일과 삶의 균형'이 더 중요한 가치였습니다. 누가 맞고 틀린 것이 아니었습니다. 그저 서로 다른 '세계-내-존재'였을 뿐입니다.

하이데거의 통찰은 여기서 더 나아갑니다. 우리는 이 '던져진 상태'를 인정하고, 그 안에서 새로운 가능성을 찾아야 한다고 말이죠. 제가 팀의 '세계'를 제 방식으로 바꾸려 하는 것이 아니라, 팀의 '세계'를 이해하고 그 안에서 함께 존재하는 방법을 찾아야 했습니다.

"이 팀의 문화는 무엇인가?" "이들은 어떤 방식으로 소통하는가?" "그들에게 의미 있는 것은 무엇인가?"

이 질문들이 저를 조금씩 변화시키기 시작했습니다. 제 방식을 강요하는 대신, 그들의 세계를 이해하려는 노력. 그것이 '던져진' 리더가 할 수 있는 첫 번째 선택이었습니다.

4. 침묵 속에서 들어야 할 것들

릴케: 들음의 문제

라이너 마리아 릴케는 "듣는 것은 단순히 귀로 소리를 받아들이는 것이 아니라, 말하지 않은 것, 침묵 속에 담긴 의미를 이해하는 것"이라고 했습니다.

텅 빈 점심시간의 사무실에서 저는 팀원들의 '침묵'을 들었습니다.

그들은 명시적으로 "팀장님과 점심 먹고 싶지 않아요"라고 말하지 않았습니다. 그저 조용히, 빠르게 사라질 뿐이었습니다. 하지만 그 침묵 속에는 명확한 메시지가 있었습니다.

"우리에게는 우리만의 시간이 필요해요" "우리는 다른 방식으로 소통하고 싶어요" "당신의 방식을 따르고 싶지 않아요"

"팀장님은 너무 열심히 하시는데요."라며 말을 아끼던 그 팀원의 침묵 속에도 메시지가 있었습니다.

"저는 당신만큼 빠르게 달리고 싶지 않아요" "제 속도를 존중해주세요"

릴케는 이렇게 말합니다. "진정한 듣기는 상대방이 말하지 않은 것까지 이해하려는 노력이다"

저는 팀원들의 말만 듣고 있었습니다. 그들이 "네, 알겠습니다"라고 대답하면, 그것을 진짜 동의로 받아들였죠. 하지만 그 '네' 뒤에 숨겨진 침묵, 그 침묵 속의 진짜 목소리를 듣지 못하고 있었습니다.

리더의 역할은 말을 많이 하는 것이 아닙니다. 오히려 더 깊이, 더 주의 깊게 듣는 것입니다. 팀원들이 편안하게 말할 수 없는 것들, 그들의 침묵 속에 담긴 진짜 필요와 바람을 이해하는 것입니다.

저는 조금씩 배워갔습니다. 회의 시간에 아무도 말하지 않을 때, 그 침묵이 의미하는 것이 무엇인지. 점심시간에 흩어지는 팀원들이 진짜로 원하는 것이 무엇인지.

그리고 그 침묵을 들으면서, 저는 변하기 위해 노력했습니다.

5. '공포의 엑셀'과의
6개월 대화

　　문화적 간극은 업무 방식에서 더욱 격렬한 충돌로 이어졌습니다. 팀을 맡은 후, 당시 회사에는 소위 '공포의 엑셀'이라 불리는 KPI 관리 시스템이 있었습니다. 매주 정해진 매트릭스에 숫자를 채워 넣고, 실적을 체크하는 구조였죠.

　　그 구조 안에서 저는 질문을 시작했습니다. 숫자를 쪼는 도구로만 사용할 것인가, 아니면 우리가 함께 일의 의미를 점검하는 나침반으로 전환할 수 있을까? 훌륭한 결과물은 수많은 시도와 실패라는 단단한 과정 위에서만 피어날 수 있으니까요.

　　그런데 이 문제는 제가 혼자 조용히 고민할 수 있는 성질의 것이 아니었습니다. 다행히 전무님은 제 고민을 들어주셨고, 새로운 방식을 실험할 기회를 주셨습니다.

　　"숫자가 인격이다 라는 말처럼 숫자만 관리해도 어려울 때가 있어. 잠시만 방심해도 실적이 문제가 될 수도 있거든. 하지만, 새로운 시도는 좋다고 생각해"

　　전무님의 우려는 당연했습니다. 회사 전체가 그런 방식으로 돌아가고 있었고, 실제로 많은 팀들이 그 방식으로 성과를 내고 있었으니까요.

　　"전무님, 저도 똑같이 매주 리뷰는 하겠습니다. 다만 KPI 숫자를 체크하는 시간 대신, 우리가 왜 이 일을 하는지, 무엇을 배웠는지를 나누는 시간으로 써보고 싶습니다"

사실 큰 차이는 없었습니다. 여전히 숫자는 봤고, 목표도 확인했습니다. 다만 그 시간의 대부분을 '무엇을 못했나'가 아니라 '무엇을 배웠나'에 할애했을 뿐입니다. 실패한 프로젝트에서도 교훈을 찾고, 작은 성공에서도 의미를 발견하려 노력했습니다.

처음엔 이 시간조차 부족했습니다. 팀원들은 '좋은 사례, 배운 것들, 이럴 때 어렵더라' 등을 공유하는 게 어색했고, 저도 제대로 이끌지 못했습니다.

숫자 너머의 의미를 발견하다

"리드 20건 완료!"

매주 월요일, 팀 회의에서 우리는 이 숫자를 보고했습니다. 우리팀(BDC, Business Development Consultant)의 KPI는 영업 기회를 발굴하는 것. 목표치를 달성했으니 우리의 역할은 다한 셈이었죠.

그런데 묘한 위화감이 들었습니다. 우리가 만든 영업 기회가 정말 영업팀에 도움이 되고 있을까? BDC는 마케팅과 함께 시장의 인지도를 넓히면서 동시에, 고객으로부터 초기 리드를 창출하는 팀으로, 영업팀의 초기 단계를 지원하는 역할이었습니다. 하지만 다른 팀들은 우리가 정확히 무엇을 하는지, 우리의 산출물이 어떤 가치가 있는지 잘 몰랐습니다.

처음 몇 개월 동안 우리는 우리끼리만 숫자를 채우고 있었습니다. 진공 속에서 일하는 것처럼, 우리의 노력이 실제로 회사에 어떤 기여를 하는지 알 수 없었죠.

그러던 중 우연히 영업팀 동료와 대화할 기회가 생겼습니다.

"BDC에서 보내주는 리드, 어때요?"

"아... 솔직히 말하면, 잘 모르겠어요. 그냥 회사명이랑 담당자 이름만 있어서... 왜 이 회사를 찾았는지, 뭘 원하는지 알 수가 없거든요"

충격이었습니다. 우리가 그토록 열심히 채운 숫자가 실제로는 아무런 가치를 만들지 못하고 있었던 겁니다.

앞에서 말한 '압박이 아닌 기여의 언어로 KPI를 바꾼다'는 고민은 여기서 구체적인 실행으로 이어졌습니다. 리드를 단순히 숫자로 세는 대신, 그 의미를 팀원들과 함께 다시 정의해보기로 한 것이죠.

"우리 리드에... 간단한 코멘트라도 추가해보면 어떨까요?"

"일만 늘어나는 거 아닌가요?"

하지만 한 팀원이 말했습니다. "그래도 한번 해보죠. 솔직히 우리 리드가 도움이 되는지 궁금하긴 했어요"

마침 제가 맡은 다른 팀에서는 이미 수준급의 리드노트(Lead Note)를 작성하고 있었습니다. 두 팀의 노하우를 자연스럽게 공유하면서 시작은 빨랐습니다.

처음엔 '클라우드 전환 검토 중' 같은 한두 줄이 전부였지만, 형식과 포맷이 갖춰지고 Peer Sharing 학습을 통해 빠르게 향상되었습니다.

2주 후, 영업팀에서 연락이 왔습니다.

"요즘 BDC 리드가 달라졌네요. 고객 프로젝트를 사전에 알고 미팅을 진행하니 맞춤형 미팅으로 영업에서 이길 확률이 높아졌어요"

전무님께 보고할 때도 달라졌습니다.

"이번 주 목표 달성했어?"

"네, 20건 영업팀에 전달했고 피드백 상호 공유했습니다. 그중 5건은 즉시 미팅이 잡혔고요"

6개월 후, 작은 변화들이 모여

6개월이 지났을 때, 우리는 우리가 무엇을 해야 하는지 서로 이해해 갈 수 있었고, 일의 본질에 집중할 때 결과가 따라온다는 것을 경험하게 되었습니다.

실적도 안정 그 이상이었고, 무엇보다 팀원들이 자신의 일에 의미를 찾기 시작했습니다. 새로운 마케팅 방법을 시도하거나 좀 더 효율적인 데이터 관리방법을 나누고 공유하는 계기가 되었습니다.

그때 알게 되었습니다. 시스템 자체를 거부하는 것이 아니라, 그 안에서 우리가 함께 일하는 방식을 새롭게 만들어가는 실험이 가능하다는 것을. 숫자는 압박의 도구가 아니라, 우리가 함께 성장하고 있는지를 확인하는 나침반이 될 수 있었습니다.

작은 변화였지만, 이것이 시작이었습니다. 숫자를 채우는 일에서 의미를 만드는 일로. 팀원들의 눈빛이 조금씩 살아나기 시작했습니다.

차가운 침묵뿐이던 팀. 이제 막 작은 변화가 싹트고 있었습니다. 팀원들 각자가 가진 강점은 무엇일까? 이 다양한 재능들을 어떻게 연결할 수 있을까? 새로운 질문이 생겼습니다.

6. 선입견을 넘어, 새로운 경험으로

가다머: 효과 역사

한스 게오르그 가다머(Hans-Georg Gadamer, 1900-2002)는 하이데거의 영향을 받은 독일의 철학자입니다. 그의 저서 '진리와 방법(Wahrheit und Methode, 1960)'에서 해석학을 철학적으로 완성했습니다. 가다머는 '효과 역사(Wirkungsgeschichte)'라는 개념을 통해, 우리가 과거의 경험과 선입견을 완전히 벗어날 수 없다고 말했습니다. 하지만 동시에, 그 선입견을 인식하고 새로운 경험을 통해 재해석할 수 있다고도 했죠. 저에게는 '효과 역사'가 있었습니다.

"함께 점심을 먹으며 소통한다" "열심히 일하는 모습을 보여준다" "경력의 중복을 제거하며 성장한다"

이것들은 제가 실무자 시절 경험한 '효과적인 방식'들이었습니다. 그리고 저는 무의식중에 이 '효과 역사'를 팀에 그대로 적용하려 했습니다.

하지만 가다머는 경고합니다. 과거의 경험이 만든 선입견은 새로운 이해를 가로막을 수 있다고 말이죠.

저의 '효과 역사'는 이 팀에서 작동하지 않았습니다. 오히려 장애물이 되었습니다. 팀원들은 저와 다른 '효과 역사'를 가지고 있었고, 그들의 선입견과 경험도 존중받아야 했습니다.

가다머는 해결책도 제시합니다.

'지평의 융합(Horizontverschmelzung)'이라는 개념입니다. 나의 지평과 상대방의 지평이 만나 새로운 이해의 지평을 만들어내는 것이죠.

저는 제 방식을 포기하지 않았습니다. 하지만 팀원들의 방식도 인정하기 시작했습니다. 그리고 그 둘이 만나는 지점에서 새로운 방식을 함께 만들어갔습니다.

점심시간은 각자의 시간으로 인정했지만, 대신 주 1회 팀 미팅에서 서로의 배움을 나누는 시간을 만들었습니다. 제 속도를 강요하지 않았지만, 각자의 속도로 성장할 수 있는 구조를 설계했습니다.

이것이 바로 '지평의 융합'이었습니다. 나의 선입견과 팀의 선입견이 충돌하는 것이 아니라, 서로를 이해하며 새로운 가능성을 만들어가는 것.

리더의 역할은 자신의 '효과 역사'를 강요하는 것이 아니라, 팀원들의 '효과 역사'를 이해하고, 함께 새로운 '지평'을 만들어가는 것이었습니다.

7. 아마존 LP: Are Right, A Lot

많이 맞추는 리더가 아니라, 듣는 리더

아마존의 Are Right, A Lot 원칙은 '젖은 낙엽'이 되지 않고 팀의 현실을 제대로 이해하는 리더의 자세를 보여줍니다. 이 원칙은 "리더는 강력한 판단력과 좋은 직관을 가지고 있다. 그들은 다양한 관점을 추구하고 자신의 믿음에 도전한다"고 정의됩니다.

제가 새 팀에 합류했을 때, 저는 제 경험과 기준을 일방적으로 밀어붙였습니다. "이렇게 해야 맞아요"라고 확신했지만, 팀원들의 침묵 속에는 "그건 우리 팀 상황에 맞지 않아요"라는 진실이 숨어 있었습니다. 저는 '맞추는 것'보다 '옳은 것'을 강조했지만, 정작 팀의 맥락은 무시했던 겁니다.

Are Right, A Lot은 단순히 많이 맞추는 게 아닙니다. 아마존의 유명한 "두 피자 팀" 규칙도 이 원칙에서 나왔습니다. 제프 베이조스는 초기에 "큰 팀이 더 많은 걸 할 수 있다"고 믿었습니다. 하지만 팀들을 관찰하며 발견했죠. 팀이 커질수록 커뮤니케이션은 복잡해지고, 의사결정은 느려지고, 책임감은 희석된다는 것을.

그래서 자신의 믿음에 도전했습니다. "내가 틀렸을 수도 있다. 직접 확인해보자" 여러 팀 크기로 실험한 결과, 피자 두 판으로 배불리 먹을 수 있는 크기(5-8명)가 가장 효율적이었습니다. 베이조스는 "옳았다"고 고집하지 않았습니다. 데이터와 관찰을 통해 자신의 생각을 바꿨죠. 그것이 진정한 "Are Right, A Lot"입니다.

"다양한 관점을 추구하고 자신의 믿음에 도전한다"는 게 핵심입니다. 공포의 엑셀을 6개월 동안 듣고, 팀원들의 일하는 방식을 이해하고, 제 선입견을 내려놓은 뒤에야 저는 진짜로 '올바른 판단'을 할 수 있게 되었습니다.

많이 맞추는 리더가 아니라 듣는 리더. 그것이 Are Right, A Lot의 진정한 의미였습니다. 제 경험이 아니라 팀의 현실에 기반한 판단, 일방적 지시가 아니라 함께 찾아가는 해답. 그때부터 팀은 변하기 시작했습니다.

Chpater 2 마무리

> 리더의 기준을 팀에 강요하면 안 된다.
> 팀의 문화와 속도를 이해하고,
> 그 안에서 변화를 만들어가는 것이 진짜 리더십이다.
> 많이 맞추는 리더가 아니라, 듣는 리더가 되어야 한다.

팀의 문화를 이해하고, 각자의 속도를 인정하기 시작했습니다. 그런데 여전히 뭔가 부족했어요. 팀원들이 각자 열심히 일하는데도 '팀'이라는 느낌이 들지 않았거든요.

그때 한 팀원이 던진 말이 실마리가 되었습니다.

"저 친구는 이런 거 정말 잘해요"

다음 챕터에서는 이 한마디가 어떻게 팀을 바꿨는지 들려드리겠습니다.

바로 실험하기: 팀 다양성 점검

Express 5분
나의 변화 패턴 체크

1. 올해 들어 업무 방식에서 바꾼 것을 3가지 적어보실 수 있나요?

   1. _____
   2. _____
   3. _____

혹시 떠오르는 게 없다면, '젖은 낙엽'의 신호일 수도 있어요. 여러분의 팀은 어떤가요?

젖은 낙엽: 더 이상 변화하거나 시도하지 않고, 현 상태에 정체된 상태를 의미합니다

Standard 15분
팀원과의 차이점 매핑

1. 팀원 3명을 선택해 각자의 업무 스타일을 비교해 보시겠어요?

이름	강점	선호하는 속도	나와의 차이점

2. 이 차이를 '문제'가 아닌 '다양성'으로 활용할 방법 찾기

3. 다음 주에 시도할 작은 변화 1가지 결정하기

Deep 30분
다음 팀 미팅을 위한 30분 워크숍을 함께 설계해보면 어떨까요?

1. 각자의 업무 스타일 공유 (10분)

2. 서로의 차이점이 만드는 시너지 찾기 (10분)

3. 다양성을 활용한 새로운 협업 방식 정하기 (10분)

실제 진행 후 느낀 점이나 결과를 기록해보세요. 실패해도 괜찮습니다. 시작이 가장 중요한 첫걸음이니까요

CHAPTER 03

팀의 '필살기'를

발견하다

훌륭한 리더는 '무엇'을 하는지보다 '누구'를 고용하는지에 집중한다.

– 피터 드러커 (Peter Drucker)

팀의 '필살기'를 발견하다

리더는 모든 걸 혼자 하지 않는다. 오히려 리더가 비워야 팀원들이 채울 수 있다.

"저 친구는 이런 거 정말 잘해요"

막내 팀원이 건넨 이 한마디가 모든 것을 바꿨습니다. 지금까지 우리는 늘 '부족한 것', '못한 것', '개선해야 할 것'만 이야기했습니다. 구멍만 찾고 있었던 거예요. 하지만 그 팀원은 전혀 다른 눈으로 팀을 보고 있었습니다. 동료들의 강점을 보고, 그것이 연결되지 못하는 걸 아까워하고 있었죠.

이 장은 각자의 강점을 발견하고 연결하는 첫 실험, 필살기 매트릭스의 탄생 이야기입니다. 각자의 강점이 팀 전체의 기여로 연결될 때, 우리는 비로소 '원팀'이 됩니다. 문제는 사람이 아니라, 강점을 발견하고 활용할 '구조'가 없었다는 것뿐이었습니다.

1. "저 친구는 이런 거 잘해요"에서 시작된 실마리

숫자 너머의 의미를 보기 시작한 지 1년, 팀 안에서 작지만 의미 있는 변화들이 일어나고 있었어요. 하지만 여전히 뭔가 아쉬웠습니다. 각자는 열심히 하는데, 팀은 따로 노는 느낌이었습니다.

그러던 어느 금요일 오후, 막내 팀원이 저를 찾아왔습니다.

"팀장님, ○○님은 정말 고객 대응을 잘해요. 저번에 화난 고객님 오셨을 때도 ○○님이 대화하고 나니까 완전히 달라지더라고요"

그 말이 머릿속을 울렸습니다. '아, 우리가 진짜 봐야 할 건 이거였구나'

그 팀원은 계속 말했어요. "○○님은 보고서 정리를 정말 잘하세요. 복잡한 프로젝트도 ○○님이 정리하면 한눈에 들어와요. ○○님은 실행력이 대단하고요"

"그런데 왜 이 이야기를 지금 하는 거지…?"

"사실… 우리 팀에 이렇게 잘하는 사람들이 많은데, 각자 따로 일하는 것 같아서 아까워요"

그 말이 가슴에 꽂혔습니다.

지금까지 우리가 팀 미팅에서 나눈 대화는 주로 이런 것들이었죠.

"이번 달 목표 달성률이 85%네요. 부족한 15%는 뭐가 문제죠?" "프로젝트 일정이 지연되고 있는데 무엇을 하면 되죠?" "다음 달엔 더 열심히 해봅시다"

우리 팀은 늘 개선을 추구했습니다. 새로운 방법론도 도입하고, 프로세스도 바꿔보고, 혁신을 외치기도 했죠. 하지만 결국 우리가 이야기하는 건 언제나 '부족한 것', '못한 것', '개선해야 할 것' 뿐이었습니다. 새로운 것을 찾는다면서도 정작 보는 건 구멍뿐이었던 거예요.

그런데 그 팀원은 전혀 다른 눈으로 팀을 보고 있었어요. 동료들의 강점을 보고, 그것이 연결되지 못하는 걸 아까워하고 있었습니다.

그날 밤, 그 팀원의 말이 계속 맴돌았습니다. 문제는 사람이 아니라, 강점을 발견하고 활용할 '구조'가 없다는 것이었어요.

강점을 발견하는 새로운 질문들

그때부터 1:1 미팅에서 질문을 바꿨습니다.

이전: "이번 주 업무는 어때요? 어려운 건 없어요?" 이후: "최근에 자신이 잘했다고 생각하는 일이 있나요? 어떤 순간에 가장 자신감을 느끼나요?"

이전: "다른 팀원들과 협업은 잘되고 있나요?" 이후: "다른 팀원 중에 누가 어떤 부분에서 도움이 됐나요? 그 사람이 한 일에서 어떤 점이 좋았어요?"

놀랍게도 팀원들은 서로의 강점을 이미 알고 있었어요. 다만 그것을 말할 기회가 없었을 뿐이었습니다.

2. 잠재력에서 현실태로

아리스토텔레스: 잠재력(dunamis)과 현실태(energeia)

아리스토텔레스(Aristotle, BC 384-322)는 고대 그리스의 철학자로, 플라톤의 제자이자 알렉산더 대왕의 스승입니다. 그는 '형이상학'에서 존재의 본질을 탐구하며 '잠재력(dunamis)'과 '현실태(energeia)' 개념을 제시했습니다.

이 철학이 제게 중요했던 이유는 단 하나였습니다. 팀원들의 강점이 '숨겨진 것'이 아니라 '발현되지 못한 것'임을 이해하게 만들었기 때문입니다.

아리스토텔레스는 모든 존재가 '잠재력(dunamis)'과 '현실태(energeia)'를 가지고 있다고 말했습니다. 그는 변화나 운동이 바로 이 잠재력에서 현실태로의 이행 과정이라고 정의했습니다. 씨앗은 나무가 될 잠재력을 가지고 있지만, 그것이 나무가 되려면 적절한 환경이 필요합니다. 물, 햇빛, 토양이 없다면 씨앗은 영원히 씨앗으로만 남죠.

팀원들도 마찬가지였습니다.

고객 소통을 잘하는 팀원은 그 잠재력을 가지고 있었습니다. 하지만 그것이 '현실태'로 발현되려면 구조가 필요했습니다. "당신은 고객 소통을 잘한다"는 인정, "그 강점을 이 프로젝트에서 발휘해 달라"는 기회, "당신의 강점이 팀에 기여했다"는 피드백.

아리스토텔레스는 강조합니다. 잠재력은 저절로 현실이 되지 않는다고 말이죠. 그것은 '움직임(kinesis)'을 통해서만 실현됩니다.

지금까지 우리 팀은 팀원들의 '잠재력'을 보지 못했습니다. 아니, 정확히는 보려 하지 않았습니다. 우리는 늘 '부족한 것'을 찾았고, 그것을 '채워야 할 것'으로만 바라봤습니다.

하지만 막내 팀원의 말은 저에게 새로운 관점을 열어주었습니다.

○○님은 정말 고객 대응을 잘해요"

이 말은 단순한 칭찬이 아니었습니다. "○○님에게는 고객 소통이라는 '잠재력'이 있고, 그것이 이미 조금씩 '현실태'로 드러나고 있다"는 관찰이었습니다.

아리스토텔레스 철학으로 보면, 대부분의 조직은 '결핍 모델'로 작동합니다. "무엇이 부족한가"를 찾아 채우려 합니다. 하지만 진짜 성장은 '잠재력 모델'에서 나옵니다. "무엇이 잠재되어 있는가"를 발견하고 발현시키는 것이죠.

리더의 역할은 팀원들의 부족함을 채우는 것이 아닙니다. 그들이 가진 잠재력이 현실태로 발현될 수 있는 환경을 만드는 것입니다. 씨앗에게 물과 햇빛을 주듯, 팀원들에게 인정과 기회와 구조를 주는 것이죠.

필살기 매트릭스는 바로 이것을 위한 도구였습니다. 각자의 '잠재력'을 발견하고, 그것을 '현실태'로 만드는 구조 말이죠.

3. '필살기 매트릭스'의 탄생

월요일 아침, 출근하자마자 화이트보드 앞에 섰습니다. 그리고 표를 그렸어요.

이름	잘하는 일(강점)	팀에 기여한 방식	앞으로 맡고 싶은 일
○○○	고객 커뮤니케이션		
○○○	정리와 문서화		
○○○	실행력		

수요일 팀 미팅. 프로젝트 진행 상황을 점검한 후, 조심스럽게 말을 꺼냈습니다.

"오늘은 조금 다른 이야기를 해보려고 합니다. 우리가 서로의 강점에 대해 이야기해보면 어떨까요?"

팀원들이 의아해했습니다. 평소와 다른 주제였으니까요.

"지난주에 한 팀원이 재밌는 이야기를 했어요. 우리 팀에 잘하는 사람들이 많은데, 서로 그걸 모르는 것 같다고요"

사실 처음엔 실패했습니다. 첫 시도에서는 '발표 잘함', '성실함' 같은 추상적인 표현만 나왔어요. 구체적인 기여로 연결되지 않는 막연한 칭찬이었죠.

그래서 다시 시작했습니다. 이번엔 원칙을 정했어요.

매트릭스 공유의 원칙
- 평가 아님: 서로의 강점을 발견하고 인정하는 시간
- 본인이 먼저: 자신의 강점을 먼저 말하고, 다른 사람이 보충
- 구체적 사례: '언제 이런 일을 이렇게 해결했다'처럼
- 미래 지향: 이 강점을 어떻게 더 활용할까?

처음엔 어색한 침묵이 흘렀습니다. 그때 한 동료가 손을 들었어요. "제가 먼저 해 볼게요. 저는 고객과 대화하는 게 편해요. 지난달 장애로 인한 A사의 클레임도 추가 계약으로 전환했잖아요"

그러자 다른 동료가 거들었습니다. "맞아요! 그때 정말 대단했어요" 또 다른 동료도 끼어들었어요. "○○님은 진짜 고객 마음을 잘 읽어요" 그 동료의 얼굴이 환해졌습니다. 당연하게 하던 일이 팀에 큰 기여가 되고 있다는 걸 처음 실감한 표정이었어요.

한 시간 동안 우리는 서로의 강점을 발견하고 공유했습니다. 표가 점점 채워졌어요.

이름	잘하는 일 (강점)	팀에 기여한 방식	앞으로 맡고 싶은 일
○○○	고객 커뮤니케이션	고객 미팅 메모 공유, A사 클레임을 추가 계약으로	신규 고객 대응 매뉴얼 만들기
○○○	정리와 문서화	제안서 템플릿 표준화로 작성 시간 50% 단축	팀 문서 라이브러리 관리
○○○	실행력	SNS 주간 캠페인으로 신규 리드 확보	SNS 캠페인 담당

표를 완성하고 나서 생각했습니다. '이건 마치 게임 캐릭터의 필살기 같네. 각자가 가진 작지만 확실한 무기들.'

속으로는 '필살기 매트릭스'라고 이름을 붙이고, 항상 팀원들과 미팅할 때는 그들의 필살기가 더 활용되고 개발될 수 있도록 하나씩 전문가 태그를 붙여주었습니다.

"○○님의 고객 소통 능력이 여기서 필요할 것 같은데요", "이 부분은 ○○님의 정리 능력이 빛을 발할 수 있을 것 같아요", "실행력이 중요한 프로젝트니까 ○○님이 리드하면 어떨까요?"

그때 누군가 물었어요.

"팀장님은요? 팀장님의 필살기는 뭐예요?"

4. 각자의 고유성을 인정할 때

칼 융: 개성화(individuation)

이 심리학 개념이 필살기 매트릭스의 철학적 기반이 된 이유는 명확했습니다. 팀원 각자의 고유성을 인정하고 존중하는 것이 진짜 팀워크의 시작이라는 것을 알게 되었기 때문입니다.

칼 융은 '개성화(individuation)'라는 개념을 제시했습니다. 이것은 자신만의 고유한 자아를 발견하고 실현해가는 과정을 의미합니다. 융은 말합니다. 우리는 모두 다르며, 그 '다름' 자체가 가치라고 말이죠.

많은 조직이 실수하는 지점이 바로 여기입니다. 팀원들을 하나의 틀에 맞추려 합니다. "우리 팀은 이렇게 일한다", "이것이 우리의 방식이다"라며 획일화를 강요하죠.

하지만 융은 경고합니다. 개인의 고유성을 억압하면, 그것은 '그림자(shadow)'가 되어 무의식 속에 숨어버린다고 말이죠. 그리고 그 그림자는 언젠가 부정적인 방식으로 표출됩니다.

고객 소통을 잘하는 팀원에게 "너도 문서 작업 좀 더 열심히 해"라고 요구하면 어떻게 될까요? 그의 강점은 그림자가 되고, 그는 자신이 못하는 일에 에너지를 쏟으며 소진됩니다.

반대로, 각자의 고유성을 인정하고 존중하면 어떻게 될까요? 그들은 자신의 강점을 더욱 발전시키며, 그것이 팀 전체에 기여하게 됩니다.

융은 또한 '전체성(wholeness)'에 대해 말합니다. 진정한 자아는 자신의 모든 면을 통합할 때 완성된다고 하죠. 강점만 있고 약점이 없는 사람은 없습니다. 하지만 중요한 것은, 약점을 고치는 데 집중하는 것이 아니라 강점을 발휘하는 데 집중하는 것입니다.

필살기 매트릭스는 바로 이 '개성화'를 팀 차원에서 실현하는 도구였습니다.

"당신은 고객 소통을 잘합니다. 그것이 당신의 고유한 강점입니다" "당신은 문서 정리를 잘합니다. 그것이 당신만의 가치입니다"

각자의 고유성을 인정하고, 그것을 팀의 기여로 연결하는 것. 그것이 융이 말한 '개성화'의 팀 버전이었습니다.

그리고 이것은 놀라운 결과를 가져왔습니다. 팀원들은 더 이상 자신의 약점을 숨기려 하지 않았습니다. 왜냐하면 그들은 자신의 강점으로 충분히 기여하고 있다는 것을 알았기 때문이죠.

"저는 문서 작업이 약해요. 대신 고객 소통은 제가 잘하니까, 그걸로 기여하겠습니다"

이것이 바로 융이 말한 '전체성'입니다. 자신의 모든 면을 인정하고, 강점으로 약점을 보완하는 것. 그리고 팀 차원에서는, 각자의 강점이 서로의 약점을 보완하는 구조를 만드는 것이죠.

5. 강점이 기여가 될 때, 팀이 움직인다

필살기 매트릭스를 만든 후 얼마 지나지 않아, 팀에 새로운 리드 발굴을 위한 프로젝트가 시작되었습니다. 대규모 세미나 이후 생긴 관심을 실제 성과로 연결해야 하는 중요한 과제였죠.

그런데 이번엔 달랐어요.

한 동료: "제가 사전 모객 분석을 맡을게요. 데이터 정리가 제 강점이니까요" 다른 동료: "저는 고객 유형별 체크포인트를 만들어 볼게요. 고객 패턴을 읽는 게 제 강점이잖아요" 또 다른 동료: "고객 유형별 콜 스크립트는 제가 준비할게요. 고객과의 대화가 제일 편하니까요"

15분 만에 역할 분담이 끝났습니다. 각자 똑같은 일을 따로 준비하는 게 아니라, 각자의 강점에 맞춰 세미나 진행과 후속작업에 필요한 실질적인 준비를 나눠 맡은 거예요.

프로젝트가 진행되면서, 우리는 계획한 짧은 시간 내에 고객들의 요구사항에 맞는 정보를 제공하며 새로운 영업 기회들을 발굴할 수 있었습니다. 미리 준비했던 시나리오별 후속작업 전략 덕분이었죠.

함께 일하는 영업팀에서도 "덕분에 고객에게 미처 발견하지 못했던 영업기회를 빠르게 캐치할 수 있었다"며 고마움을 표현했습니다.

하지만 진짜 성과는 따로 있었습니다.

다음 주 회고 시간에 팀원들이 나눈 대화였어요.

"이번에 정말 재미있었어요. 제가 잘하는 일을 했더니 스트레스도 덜하고 결과도 좋았어요", "서로 도움 요청하는 게 자연스러워졌어요", "우리가 진짜 한 팀이 된 느낌이에요"

리더로서의 새로운 이해

이 과정에서 중요한 것을 이해하게 되었습니다.

내가 모든 것을 할 필요가 없다는 것. 오히려 각자가 잘하는 것을 발견하고, 그것이 팀의 기여로 연결되도록 하는 구조를 만드는 게 더 중요했습니다.

리더십은 분위기를 만드는 감성의 영역이 아니라, 기여 구조를 설계하는 이성의 영역이라는 것을 경험으로 이해했습니다. 마치 훌륭한 책을 쓰기 위해 견고한 기획서가 필요하듯, 강력한 팀을 만들기 위해서도 체계적인 구조 설계가 필수적이었어요.

더 중요한 발견이 있었습니다. 팀원들의 실력이 향상되니 자연스럽게 갈등도 줄어들었어요. 예전엔 "왜 이것도 못해?"라는 불만이 있었다면, 이제는 "현지님이 이거 잘하시니까 도움 요청해보자"로 바뀌었죠. 제가 늘 믿어온 원칙이 있습니다. "우리 실력을 키우는 게 우선이고, 서로에게 실질적인 도움이 되는데 갈등이 생길 리가 없다"는 것. 필살기 매트릭스는 단순히 강점을 나열하는 게 아니라, 각자의 강점이 어떻게 팀의 공동 목표에 기여하고 협업 문제를 해결할 수 있는지를 보여주는 '팀을 위한 초고기획서'였던 셈이죠.

무엇보다 중요한 건, 팀원들을 바라보는 관점의 변화였습니다. 더 이상 그들은 제가 '짓누르고 관리해야 할 대상'이 아니었어요. '같이 성장하는 동료'였죠. 압박하지 않아도, 아니 압박하지 않았기에 각자의 필살기가 빛을 발하기 시작했습니다.

"쪼지 않고도 성공할 수 있다" 이 믿음이 단순한 이상이 아니라 현실이 되는 순간이었어요. 각자가 자신의 강점을 스스로 발휘하고 싶어 하는 환경, 그것이 진짜 성장이었습니다.

예상하지 못한 선물: 진짜 관심

필살기 매트릭스가 가져온 가장 큰 변화는 팀원들이 서로에게 진심으로 관심을 갖기 시작한 거였어요.

"수진님, 요즘 새로운 프로젝트 관리 툴 써보신다고 했는데 어때요?" "수진님이 리드노트에 업데이트한 템플릿 정말 유용하더라고요." "수진님, 다음 고객 미팅 때 저도 참관해도 될까요?"

서로의 성장을 응원하는 문화가 자연스럽게 생겼습니다.

6. 아마존 LP:
Hire and Develop the Best

최고의 인재를 발견하고 육성하는 구조

아마존의 리더십 원칙 중 Hire and Develop the Best는 "리더는 모든 채용과 승진에서 기준을 높입니다. 그들은 뛰어난 재능을 알아보고, 조직 전체에 그들을 배치하려 합니다"라고 정의됩니다.

많은 리더들이 이 원칙을 "좋은 사람을 뽑아야 한다"는 의미로만 이해합니다. 하지만 이 원칙의 핵심은 "뛰어난 재능을 알아보고"에 있습니다. 아마존은 이 원칙을 실행하기 위해 "Bar Raiser(기준을 높이는 사람)"라는 독특한 제도를 운영합니다. 채용 면접에 반드시 Bar Raiser가 참여하는데, 이들은 채용 팀과 무관한 제3자입니다.

채용 관리자가 "이 사람 괜찮은데요, 뽑읍시다"라고 하면, Bar Raiser는 묻습니다. "이 사람이 우리 팀 평균을 올릴까요, 내릴까요?" 평균을 올리지 못한다면, 아무리 급해도 채용하지 않습니다.

왜일까요? 베이조스는 말했습니다. "평균 수준의 사람을 뽑는 순간, 기준이 낮아집니다. 그러면 다음엔 더 낮은 수준의 사람을 뽑게 되죠. 이것이 반복되면 조직은 평범해집니다" 하지만 제가 발견한 건, 채용만이 아니라는 겁니다. 이미 팀에 있는 사람들의 '최고'를 발견하는 것도 Bar Raiser의 역할입니다.

필살기 매트릭스는 바로 이 원칙을 실행하는 도구였습니다.

저는 새로운 사람을 뽑지 않았습니다. 이미 팀에 있는 사람들의 뛰어난 재능을 '알아보는' 구조를 만들었을 뿐입니다.

고객 소통을 잘하는 팀원, 문서 정리를 잘하는 팀원, 실행력이 뛰어난 팀원. 그들은 이미 '최고의 인재'였습니다. 다만 그 재능이 발견되지 못했을 뿐이죠.

Develop the Best의 핵심도 여기에 있습니다. 약점을 고치는 것이 아니라, 강점을 더욱 발전시키는 것입니다.

필살기 매트릭스를 통해 우리는 각자의 강점을 발견했고, 그 강점을 더욱 발전시킬 수 있는 기회를 제공했습니다.

"당신은 고객 소통을 잘합니다. 그렇다면 신규 고객 대응 매뉴얼을 만들어보는 건 어떨까요?" "당신은 문서 정리를 잘합니다. 팀 문서 라이브러리를 관리해보시겠어요?"

이것이 바로 Develop the Best입니다. 각자의 강점을 발견하고, 그 강점을 더욱 발전시킬 수 있는 역할과 기회를 제공하는 것이죠.

그리고 "조직 전체에 그들을 배치하려 합니다"라는 부분도 중요합니다. 필살기 매트릭스는 단순히 강점을 나열하는 것이 아니라, 그 강점을 팀의 필요와 연결시키는 도구였습니다.

리더의 역할은 최고의 인재를 '뽑는' 것이 아닙니다. 이미 팀에 있는 사람들의 최고의 재능을 '발견'하고, 그것을 '육성'하며, 팀의 필요에 '배치'하는 것입니다.

Chpater 3 마무리

> 리더는 모든 걸 혼자 하지 않는다.
> 오히려 리더가 비워야 팀원들이 채울 수 있다.
> 각자의 강점이 팀 전체의 기여로 연결될 때,
> 우리는 비로소 '원팀'이 된다.
> 최고의 인재는 밖에서 찾는 것이 아니라,
> 이미 팀 안에 있는 재능을 발견하는 것이다.

 필살기 매트릭스로 각자의 강점은 발견했습니다. 하지만 또 다른 문제에 부딪혔어요.
 "그래서 우리가 왜 이 일을 하는 거죠?"
 각자의 필살기는 있는데, 함께 겨눌 과녁이 없었던 거예요. 다음 챕터에서는 우리 팀의 '북극성'을 찾아가는 여정을 나누겠습니다.

"지도자는 말만 하는 사람이 아니라 행동으로 보여주는 사람이어야 한다"

— 윈스턴 처칠(Winston Churchill)

바로 실험하기: 필살기 매트릭스

Express 5분
강점 스포팅

1. 지금 동료 한 명을 떠올려보세요. 최근에 그 사람이 도움이 됐던 구체적인 순간을 기록해보세요.

떠오르는 동료와 상황은?

어떤 도움을 줬나요?

감사 표현하기

"○○님, 그때 정말 도움이 됐어요.
특히 _____ 부분이 인상적이었어요"

Standard 15분
팀 미팅에서 '강점 발견' 시간

1. 다음 팀 미팅 마지막 10분을 '이번 주의 필살기' 시간으로 만들어보세요

핵심 질문: "이번 주에 누가, 어떤 상황에서 팀에 도움이 되었나요?"

상황과 행동, 어떤 도움이 되었는지 결과를 포함하여 구체적으로 공유합니다

구체적인 사례와 함께 공유할수록 팀원들의 강점을 더 잘 인식할 수 있습니다.

Deep 30분
'필살기 매트릭스' 초안 만들기

본격적으로 팀의 강점을 정리해볼까요? 팀원 별로 관찰한 강점 3가지를 작성합니다. 각 강점이 팀에 기여한 구체적 사례를 떠올려서 작성해 보세요.

〈필살기 매트릭스 워크시트〉

이름	강점	팀에 기여한 사례

다음 미팅에서 함께 완성할 수 있도록 준비해주세요.
리더가 먼저 사례를 공유하여 말할 수 있는 분위기를 조성해주세요

Bonus

강점 소개서 만들기

> 팀원들이 서로의 강점을 한 줄로 요약한 '강점 소개서'를 만들어보세요.
> 팀 공간에 게시하면, 누구에게 도움을 요청할지 한눈에 보입니다.
>
> 예시: "○○님은 _____ 전문가"
>
> → 강점 소개서는 〈부록2. 강점 기반 역할 설계〉를 참고하여 만들 수 있습니다.

CHAPTER 04

- Goal -

하나의 방향을 보게 하다

지속적인 혁신의 핵심은 '고객 집착(Customer Obsession)'이다.

– 피터 드러커 (Peter Drucker)

Goal
하나의 방향을 보게 하다

좋은 팀은 각자 맡은 일을 잘하는 팀이 아니다. 공동의 목표 아래, 왜 이 일을 하는지 명확히 아는 팀이다.

"팀장님, 그런데... 우리가 지금 뭘 하자는 거죠?"

필살기 매트릭스로 각자의 강점을 발견한 후, 모두가 열심히 자신의 분야를 갈고닦았습니다. 하지만 몇 주가 지나자 이상한 일이 벌어졌어요. 모두가 최선을 다했는데, 팀은 제자리를 맴돌고 있었습니다. 훌륭한 연주자들은 있었지만, 함께 연주할 하나의 악보가 없었던 거예요.

이 장은 각자의 최선이 모두의 실패가 될 때, 우리에게 필요했던 것이 '공통의 왜(Why)'였다는 이야기입니다. 숫자 목표가 아닌 존재 이유. 달성하고 끝나는 목적지가 아니라, 계속 향해가야 할 북극성. 그것을 찾아가는 과정을 나누겠습니다.

1. '각자'의 최선이 '모두'의 실패가 될 때

필살기 매트릭스 실험 이후, 팀에는 긍정적인 변화가 있었습니다. 서로의 강점을 인정하고 도움을 청하는 대화가 자연스러워졌죠. 하지만 몇 주가 지나자, 새로운 혼란과 마주했습니다.

팀원들은 각자의 '필살기'를 열심히 갈고닦았지만, 그 방향이 미묘하게 어긋나고 있었어요.

문영님은 기존 고객 만족도를 높이는 데 집중했고, 준우님은 장기적 기술 문서를 완벽하게 만들고 있었습니다. 유진님은 신규 고객 캠페인을 빠르게 진행했고요.

모두가 최선을 다했지만, 우리는 '하나의 팀'으로 움직이지 않았습니다. 한정된 자원 속에서 에너지는 뿔뿔이 흩어지고 있었죠.

그러던 중 한 팀원이 조심스럽게 물었어요.

"팀장님, 그런데... 우리가 지금 뭘 하자는 거죠?"

순간 멈칫했습니다. 훌륭한 연주자들은 있었지만, 각자 다른 악보를 보며 제각각 연주하고 있었던 거예요. 하나의 팀에는 하나의 하모니가 필요했습니다. 그 질문은 단순해 보였지만, 핵심을 찔렀습니다. 저는 팀원들에게 강점을 찾으라고 했지만, 그 강점을 어디에 쓸지는 말하지 않았습니다. 지휘자가 악보는 주지 않고 "잘 연주하세요"라고만 한 셈이었죠.

2. 왜(Why)에서 시작하라

사이먼 사이넥: Start with Why

사이먼 사이넥(Simon Sinek, 1973-)은 영국 출신 미국의 저명한 리더십 전문가이자 작가입니다. 그의 2009년 TED 강연 "위대한 리더들이 행동을 이끌어내는 법"은 6천만 회 이상 조회되며 역대 최고 인기 TED 강연 중 하나로 꼽힙니다. 그는 'Start with Why'(2009)에서 '골든 서클(Golden Circle)' 이론을 제시하였습니다.

이 개념이 제 리더십을 바꾼 이유는 명확했습니다. 팀이 무엇을 하는지(What)가 아니라, 왜 하는지(Why)가 먼저라는 것을 깨달았기 때문입니다

이 개념이 제 리더십을 바꾼 이유는 명확했습니다. 팀이 무엇을 하는지(What)가 아니라, 왜 하는지(Why)가 먼저라는 것을 깨달았기 때문입니다. 사이먼 사이넥은 '골든 서클(Golden Circle)' 이론을 통해 위대한 리더와 조직은 'Why'에서 시작한다고 말했습니다

대부분의 조직은 이렇게 소통합니다:
- What (무엇을): 우리는 좋은 제품을 만듭니다
- How (어떻게): 우리는 최고의 기술로 만듭니다
- Why (왜): (생략됨)

하지만 위대한 조직은 반대로 시작합니다:

- Why (왜): 우리는 세상을 바꾸고 싶습니다
- How (어떻게): 그래서 최고의 기술을 사용합니다
- What (무엇을): 그 결과가 이 제품입니다

우리 팀도 마찬가지였습니다.

"신규 고객 30% 증가" - 이것은 What입니다. "컨택 수 2배" - 이것도 What입니다.

하지만 Why가 없었습니다. 왜 신규 고객을 늘려야 하는가? 왜 컨택 수를 늘려야 하는가?

사이넥은 강조합니다. 사람들은 당신이 무엇을 하는지(What)로 설득되지 않는다고 말이죠. 왜 하는지(Why)로 설득됩니다.

팀원들이 "우리가 지금 뭘 하자는 거죠?"라고 물었을 때, 그들은 What이 아니라 Why를 묻고 있었던 겁니다.

저는 그동안 What만 제시했습니다. "이번 분기 목표는 신규 고객 30% 증가입니다" 하지만 Why는 제시하지 못했죠.

사이넥은 이렇게 말합니다. "사람들은 당신이 무엇을 하는지(What)를 사지 않습니다. 왜 하는지(Why)를 삽니다"

팀원들도 마찬가지였습니다. 그들은 숫자 목표(What)로는 몰입하지 않았습니다. 하지만 존재 이유(Why)가 명확해지면, 그들은 자발적으로 움직이기 시작했습니다.

Why가 명확한 팀은 강력합니다. 방향이 바뀌어도, 목표가 조정되어도, 그들은 흔들리지 않습니다. 왜냐하면 그들은 숫자가 아니라 의미를 향해 움직이기 때문입니다.

3. 숫자가 아닌 의미 있는 Goal이 필요한 이유

기존에도 목표는 있었습니다. '신규 고객 30% 증가', '컨택 수 2배' 같은 것들이죠. 하지만 이런 숫자들은 '왜 이 일을 하는가'에 대한 답이 되지 않았어요.

새롭게 팀 구조를 개편할 때가 떠오릅니다. 기존 고객과 신규 고객을 담당하는 팀을 분리하기로 했죠. 그때 신규 고객 팀원들과 서로 스스로에게 질문했죠.

"왜 기존 고객 말고 이걸 해야 하는가?"

저는 "매출 성장을 위해서"라고 답했지만, 그것만으로는 몰입이 생기지 않았습니다.

그래서 질문을 바꿨습니다.

"고객 입장에서 우리 서비스를 처음 시작하는 순간은 언제일까?"

이 질문은 고객 여정에 대한 깊은 관심으로 이어졌고, '신규 고객이 처음 서비스를 도입하는 순간의 허들을 줄이는 것'이 우리의 존재 이유가 되었습니다.

저는 그때 알게 되었어요. 우리에게 필요한 것은 단순한 숫자 목표가 아니라, 북극성처럼 방향을 제시하는 진정한 Goal이라는 것을요.

그래서 저는 이 '진정한 Goal'을 'Grounded North'(북극성)라

고 부르기로 했습니다.

숫자 목표에서 Grounded North로의 전환

숫자 목표: 도달하면 끝나는 목적지
- "신규 고객 30% 증가"
- "분기 매출 목표 달성"
- "고객 만족도 4.5점"

Grounded North (북극성): 계속 향해가야 할 존재 이유
- "고객의 첫 경험을 가장 쉽게 만드는 팀"
- "누구나 클라우드를 쉽게, 우리가 있어서"
- "기술 격차를 없애는 다리가 되자"

진정한 Goal은 달성하고 끝나는 것이 아니라, 우리가 존재하는 한 계속 추구해야 할 방향입니다. 숫자 목표는 "얼마나"를 말하지만, 북극성은 "왜"를 말합니다. 숫자 목표는 달성하면 공허함이 남지만, 북극성은 달성 과정 자체가 의미있습니다. 그리고 가장 중요한 차이는, 숫자 목표는 회사가 원하는 것이지만, 북극성은 팀원도 원하는 것이라는 점입니다.

숫자 목표는 변하지만, 북극성은 변하지 않습니다. 북극성이 명확할 때, 팀은 목표가 바뀌어도 흔들리지 않습니다.

4. 의미를 찾는 인간

빅터 프랭클: 의미치료(Logotherapy)

빅터 프랭클(Viktor Frankl, 1905-1997)은 오스트리아의 신경정신과 의사이자 심리학자입니다. 그는 나치 수용소에서 3년간 수감 생활을 하며 부모, 형제, 아내를 잃었습니다. 이 극한의 경험을 바탕으로 '죽음의 수용소에서(Man's Search for Meaning, 1946)'를 집필했고, '의미치료(Logotherapy)'를 창시했습니다.

이 심리학 이론이 팀 목표 설정에 중요했던 이유는, 인간은 의미를 찾는 존재라는 것을 명확히 보여주었기 때문입니다.

빅터 프랭클은 아우슈비츠 수용소에서의 경험을 바탕으로 '의미치료(Logotherapy)'를 만들었습니다. 그는 말합니다. "인간은 쾌락을 추구하는 존재도, 권력을 추구하는 존재도 아니다. 의미를 추구하는 존재다"

프랭클은 수용소에서 발견했습니다. 살아남은 사람들의 공통점은 강한 체력도, 많은 자원도 아니었습니다. 그것은 '살아야 할 이유', 즉 '의미'였습니다.

"내가 왜 살아야 하는가?"에 대한 답이 명확한 사람들은 극한의 상황에서도 살아남았습니다.

팀도 마찬가지입니다.

"우리 팀이 왜 존재하는가?" "우리가 왜 이 일을 하는가?"

이 질문에 대한 답이 명확하지 않으면, 팀원들은 단순히 '일을 하는 사람'으로 전락합니다. 월급을 받기 위해, 상사의 지시를 따르기 위해, 그저 하루하루를 버티는 것이죠.

하지만 의미가 명확해지면, 팀원들은 '일을 통해 의미를 실현하는 사람'이 됩니다.

프랭클은 이렇게 말합니다.
"의미를 찾는 사람은 고통도 견딜 수 있다"
"신규 고객 30% 증가"라는 숫자 목표는 의미를 주지 못합니다. 하지만 "고객의 첫 경험을 가장 쉽게 만드는 팀"이라는 북극성은 의미를 줍니다.

팀원들은 더 이상 숫자를 채우는 것이 아니라, 고객의 어려움을 해결하는 것입니다. 더 이상 목표를 달성하는 것이 아니라, 의미를 실현하는 것입니다.

프랭클은 강조합니다.
"의미는 주어지는 것이 아니라, 찾는 것이다"
리더가 팀원들에게 의미를 '주입'할 수는 없습니다. 하지만 리더는 팀원들이 의미를 '발견'할 수 있도록 도울 수 있습니다.

"우리 팀이 왜 존재하는가?" "고객에게 우리는 어떤 의미인가?" "이 일을 통해 우리는 무엇을 변화시키는가?"

이런 질문들이 팀원들로 하여금 의미를 발견하게 만듭니다. 그리고 의미를 발견한 팀은 강력합니다.

5. 팀의 One True Why를 만드는 구체적 방법

이 사건을 바탕으로 팀과 함께 'One True Why'를 만들기 시작했습니다. 추상적인 논의가 아닌, 구체적인 방법이 필요했어요.

One True Why의 세 가지 조건

Why (의미 있는가?): 이 일이 왜 중요한가? 어떤 고객을 어떻게 행복하게 만드는가?

How (측정 가능한가?): 우리가 잘하고 있는지 어떻게 알 수 있는가?

What (실행 가능한가?): 우리 팀의 힘으로 직접 영향을 미칠 수 있는가?

한 문장으로 만드는 템플릿

복잡한 방법론 대신, 누구나 따라할 수 있는 간단한 템플릿을 활용했습니다: 우리는 [언제까지], [어떤 고객의] [어떤 문제를] 해결하여, [어떻게 기여할 것인가].

예를 들어보니:
- "이번 분기 동안"
- "우리 서비스를 처음 도입하는 신규 고객의"
- "초기 설정이 너무 복잡한 문제를"
- "온보딩 포기율을 20%에서 5% 미만으로 낮춘다"

이를 모아 우리만의 언어로 정리했어요:

"우리는 고객의 첫 경험을 가장 쉽게, 빠르게, 의미 있게 만드는 팀이다"

방향이 생기면, 각자의 속도가 허용된다

이 한 문장이 공유된 순간, 모든 것이 바뀌었습니다.

문영님은 신규 고객 질문에 우선 대응하기 시작했고, 준우님은 완벽한 기술 문서 대신 쉬운 '초기 설정 가이드'를 만들었습니다. 유진님은 신규 고객을 위한 SNS 캠페인에 집중했고요.

각자의 필살기가 '고객의 첫 경험'이라는 하나의 과녁에 정조준되기 시작한 것입니다.

질문의 수준도 달라졌어요. "이건 왜 하는 거죠?"가 아니라 "이 실험이 고객의 첫 경험을 더 쉽게 만드는 데 도움이 될까요?"라는 대화가 오갔습니다.

가장 인상적이었던 건, 속도가 느린 동료를 바라보는 시선이었어요. "같은 방향을 보고 있으니 기다릴 수 있어요"라는 말이 자연스럽게 나왔습니다.

속도가 아니라 방향이 일치할 때, 팀은 진짜 원팀이 됩니다.

6. 모든 것에는 목적이 있다

아리스토텔레스: 목적인(telos)

이 철학적 개념이 팀의 북극성을 만드는 데 중요했던 이유는, 모든 것은 목적을 향해 움직인다는 통찰을 주었기 때문입니다. 아리스토텔레스는 '네 가지 원인'을 제시했습니다. 그 중 가장 중요한 것이 '목적인(telos)'입니다. 모든 것은 목적을 가지고 있으며, 그 목적을 향해 움직인다는 것이죠. 씨앗의 목적은 나무가 되는 것입니다. 씨앗은 그 목적을 향해 자랍니다. 팀의 목적은 무엇인가? 단순히 숫자 목표를 달성하는 것인가? 아니면 더 근본적인 목적이 있는가?

아리스토텔레스는 말합니다. 진정한 목적은 '그 자체로 선한 것(good in itself)'이라고 말이죠. 수단이 아니라 목적 자체입니다.
"신규 고객 30% 증가"는 진정한 목적이 아닙니다. 그것은 수단입니다. 더 높은 목적을 위한 수단이죠.
그렇다면 진정한 목적은 무엇인가?
"고객의 첫 경험을 가장 쉽게 만드는 것"
이것은 그 자체로 선합니다. 이것은 수단이 아니라 목적입니다. 우리가 존재하는 이유입니다.
아리스토텔레스는 또한 목적이 명확할 때, 모든 행동이 정렬된다고 말합니다. 팀의 목적이 "신규 고객 30% 증가"일 때, 팀원들은 혼란스러웠습니다. 이 숫자를 채우기 위해 무엇을 해야 하는가? 기존 고객을 소홀히 해도 되는가? 품질을 낮춰서라도 빠르게 해야 하는가?

하지만 팀의 목적이 "고객의 첫 경험을 가장 쉽게 만드는 것"으로 명확해지면, 모든 행동이 정렬됩니다.

"이 일이 고객의 첫 경험을 쉽게 만드는가?"

이 질문 하나로 모든 의사결정이 명확해집니다. 아리스토텔레스의 목적인(telos)은 우리에게 가르칩니다. 팀에게는 진정한 목적이 필요하다고 말이죠. 그 목적은 숫자가 아니라 존재 이유여야 합니다.

* 아리스토텔레스(Aristotle, 기원전 384-322)

고대 그리스 철학자이자 플라톤의 제자로, 그는 '네 가지 원인'을 통해 세계를 설명했습니다. 질료인(Material Cause)은 무엇으로 만들어졌는가, 형상인(Formal Cause)은 어떤 형태와 구조인가, 작용인(Efficient Cause)은 누가 만들었는가, 목적인(Final Cause/Telos)은 왜 존재하는가를 묻습니다. 아리스토텔레스는 이 중 목적인을 가장 중요하게 봤습니다. 조각상의 재료(대리석)나 조각가보다 '왜 이 조각상이 존재하는가'라는 궁극적 의미와 목적이 본질이라는 거죠. 목적이 명확할 때, 다른 모든 원인들도 의미를 갖게 됩니다.

조직도 마찬가지입니다. 무엇을 하는가(what)보다 왜 존재하는가(why)가 팀의 정체성을 만듭니다.

7. 아마존 LP: Customer Obsession

고객 집착에서 시작하는 북극성

아마존의 리더십 원칙 중 첫 번째인 고객 집착은 "리더는 고객으로부터 시작해서 거꾸로 일합니다. 그들은 고객의 신뢰를 얻고 유지하기 위해 열심히 일합니다"라고 정의됩니다.

팀의 북극성을 만들 때, 가장 중요한 것은 바로 이 원칙입니다. 북극성의 중심에는 항상 고객이 있어야 합니다. "신규 고객 30% 증가"는 우리 중심의 목표입니다. 우리가 원하는 것이죠. 하지만 "고객의 첫 경험을 가장 쉽게 만드는 것"은 고객 중심의 목표입니다. 고객이 원하는 것입니다.

고객 집착의 핵심은 "거꾸로 일한다(work backwards)"에 있습니다. 우리가 무엇을 하고 싶은지가 아니라, 고객이 무엇을 필요로 하는지부터 시작하는 것이죠.

아마존에는 이를 실천하는 유명한 방법이 있습니다. 'Working Backwards' 프로세스입니다. 새로운 제품이나 서비스를 개발할 때, 먼저 가상의 보도자료를 씁니다. 고객이 이 제품을 사용하고 어떤 문제가 해결되었는지를 고객 관점에서 먼저 작성하는 거죠. 그리고 그 비전을 실현하기 위해 거꾸로 일합니다.

우리 팀의 북극성을 만들 때도 이 원칙을 적용했습니다.

"우리는 무엇을 달성하고 싶은가?"가 아니라 "고객은 무엇을 필요로 하는가?"부터 시작했습니다.

그리고 우리는 발견했습니다. 신규 고객들이 가장 어려워하는 것은 "처음 시작하는 순간"이라는 것을 말이죠.

고객 집착은 단순히 고객을 만족시키는 것이 아닙니다. 고객에게 집착하는 것입니다. 고객의 문제를 우리의 문제로 여기고, 고객의 성공을 우리의 성공으로 여기는 것입니다. 제프 베이조스는 말했습니다. "경쟁사를 보는 것도 중요하지만, 고객에게 집착하는 것이 더 중요하다. 경쟁사는 우리에게 돈을 주지 않는다. 고객이 돈을 준다." 고객 집착은 아마존의 성공 비결이자, 우리 팀의 북극성이 되어야 할 이유였습니다.

팀의 북극성이 고객 집착에 기반할 때, 그것은 진짜 북극성이 됩니다. 왜냐하면 고객의 필요는 변하지 않기 때문입니다.

시장이 변해도, 기술이 변해도, 고객이 "쉽고 빠른 첫 경험"을 원한다는 것은 변하지 않습니다.

리더의 역할은 팀이 항상 고객으로부터 시작하도록 돕는 것입니다. 그리고 그 고객 중심의 목표를 팀의 북극성으로 만드는 것입니다. 한 팀원이 나중에 말했습니다. "예전엔 숫자만 보고 일했는데, 이제는 고객 얼굴이 떠올라요. 내가 만든 가이드를 보고 고객이 웃으며 시작하는 모습이 보이거든요." 북극성이 제대로 작동하고 있다는 신호였습니다.

Chpater 4 마무리

> 숫자 목표가 아닌 존재 이유가 필요하다.
> 팀의 북극성이 명확할 때, 각자의 필살기가 하나의 과녁을 향한다.
> 고객으로부터 시작해서 거꾸로 일할 때, 진짜 목표를 찾을 수 있다.

이제 우리는 같은 방향을 보게 되었습니다. 하지만 방향만 같다고 팀이 잘 굴러가는 건 아니었어요. 각자의 선의가 충돌하기 시작했거든요.

"이거 제 일 맞나요?" 역할이 모호하니 에너지가 분산되었습니다. 선의의 충돌, 이것이 우리가 넘어야 할 다음 산이었어요.

바로 가기실험: [G] Goal

Express 5분
나의 과녁 떠올리기

1. 이번 주 가장 중요한 업무가 팀의 어떤 과녁에 기여하고 있나요?

   중요 업무 _____
   팀의 과녁 _____

만약 바로 떠오르지 않는다면, 우리 팀에 진정한 Goal이 필요하다는 신호입니다.

Standard 15분
One True Why 체크리스트

1. 현재 팀 목표를 세 가지 조건으로 점검해보세요

	Yes	No
가슴 뛰는 의미가 있는가?	☐	☐
성공을 측정할 수 있는가?	☐	☐
우리가 직접 실행 가능한가?	☐	☐

세 가지 체크리스트 중 하나 라도 No가 체크 되어 있다면 팀의 'One True Why'를 재정의할 필요가 있습니다. 다음 단계에서 새로운 문장을 만들어보세요.

Deep 30분
템플릿으로 한 문장 만들기

팀의 'One True Why'를 만들어보실 준비가 되셨나요? 다음 템플릿을 활용하여 팀의 목표를 한 문장으로 정의해보세요

예시: "이번 분기 동안, 우리 서비스를 처음 도입하는 신규 고객의 초기 설정이 너무 복잡한 문제를 해결하여, 온보딩 포기율을 20%에서 5% 미만으로 낮춘다"

〈우리 팀의 'One True Why' 작성하기〉

"우리는 [언제까지], [어떤 고객의] [어떤 문제를] 해결하여, [어떻게 기여할 것인가]"

"우리는 _____, _____의 _____ 해결하여, _____"

완벽하지 않아도 첫 문장이 가장 중요한 시작입니다.

〈부록1. 북극성 찾기 워크숍 가이드〉를 참고해서 팀원들과 함께 작성해 보세요

CHAPTER 05

- Role -

역할 설계가

팀의 시너지를 만든다

중요한 것은 단지 함께 일하는 것이 아니라,
행동의 의미를 함께 나누는 일이다.

– 존 듀이 (John Dewey)

Role
역할 설계가
팀의 시너지를 만든다

좋은 팀은 각자 맡은 일을 잘하는 팀이 아니다. 자신의 강점이 어떤 역할이 되고 동료의 역할과 어떻게 연결되는지 명확히 아는 팀이다.

"이거 제 일 맞나요?"

북극성을 찾았고, 각자의 필살기도 발견했습니다. 모두가 의욕에 넘쳤죠. 하지만 막상 일을 시작하니 이상한 일이 벌어졌습니다. 각자가 너무 열심히, 너무 선의로 일하려다 보니 서로 부딪히기 시작한 겁니다.

고객 온보딩 가이드를 만드는 프로젝트. 한 팀원은 빨리 프로토타입을 만들자고 했고, 다른 팀원은 체계적으로 설계부터 하자고 했습니다. 또 다른 팀원은 고객 니즈부터 파악하자고 했죠. 모두 옳았습니다. 하지만 함께 움직이지 못했습니다.

이 장은 선의의 충돌을 시너지로 바꾸는 역할 설계 시스템 이야기입니다. 우리는 '어디로 갈지(Goal)'는 알았지만, 누가 어떤 차선으로, 어떤 속도로, 어떤 순서로 달려야 할지에 대한 약속이 없었습니다.

1. 선의의 충돌: 각자 최선을 다하는데 왜 팀이 안 움직이지?

Chapter 4를 통해 '고객의 첫 경험을 가장 쉽게 만든다'는 가슴 뛰는 'One True Why'를 설정했을 때, 저는 우리 팀의 모든 문제가 해결되었다고 생각했습니다. 팀원들도 "이제 방향이 명확해졌네요!"라며 의욕을 보였습니다.

하지만 그것은 또 다른 시작일 뿐이었습니다. 목표는 명확해졌지만, 막상 '그래서 나는 오늘 무엇을 해야 하는가'라는 질문 앞에서 팀은 다시 길을 잃기 시작했습니다.

좋은 의도끼리 충돌하는 순간

진짜 문제는 팀원들이 게으르거나 의욕이 없어서가 아니었습니다. 오히려 정반대였습니다. 각자가 너무 열심히, 너무 선의로 일하려고 하다 보니 서로 부딪히기 시작한 겁니다.

실제로 이런 일이 벌어졌습니다. 새로운 고객 온보딩 가이드를 만드는 프로젝트였습니다:

월요일 오전: 유진님이 "빨리 고객에게 보여드려야 해요"라며 간단한 SNS eDM 프로토타입 제작 시작

월요일 오후: 준우님이 "체계적으로 만들어야 다른 팀에서도

쓸 수 있어요"라며 상세한 설계 문서 작성 시작

화요일: 문영님이 "고객 니즈를 먼저 파악해야 하지 않을까요?"라며 고객 인터뷰 일정 잡기 시작

수요일: 팀 미팅에서 터진 질문들 "그래서 누가 뭘 하는 거죠?" "제가 먼저 콘텐츠를 완벽하게 정리하는 게 맞을까요, 아니면 유진님이 일단 간단한 버전이라도 빨리 만드는 게 맞을까요?" "이거 제일 맞나요?"

KPI로 압박하는 것과 구조로 연결하는 것의 차이

이 상황을 보며 과거의 기억이 떠올랐습니다. 예전 같았으면 저는 "공포의 엑셀"을 만들어서 각자에게 명확한 업무와 데드라인을 할당했을 겁니다. 그리고 매일 진척 상황을 보고받으며 체크했겠죠.

하지만 그 방식의 문제를 저는 이미 경험했습니다:

- 숫자로만 관리하면 '숫자놀음'에 그치거나 '사기 저하'를 불러올 뿐
- 각자 할당받은 일만 하고 전체 그림에 대한 책임감은 사라짐
- 리더가 없으면 팀이 멈추는 '의존적 구조' 형성

우리에게 필요한 건 "누가 언제까지 뭘 해라"가 아니라, "우리가 함께 어떻게 움직일 것인가"에 대한 설계였습니다.

문서화의 '필살기'를 가진 준우님과 실행력의 '필살기'를 가진 유진님, 고객 소통의 '필살기'를 가진 문영님. 이 좋은 의도들이 서로 충돌하며 오히려 일이 지연되는 상황을 보며 알게 되었습니다.

우리는 '어디로 갈지(Goal)'는 알았지만, 누가 어떤 차선으로,

어떤 속도로, 어떤 순서로 달려야 할지에 대한 약속이 없었습니다.

2. 협력적 탐구: 함께 문제를 푸는 방법

존 듀이: 협력적 탐구(Cooperative Inquiry)

이 철학적 개념이 역할 설계에 중요했던 이유는, 협력은 자연스럽게 일어나는 것이 아니라 구조적으로 설계되어야 한다는 것을 보여주었기 때문입니다.

존 듀이*는 '협력적 탐구(Cooperative Inquiry)'라는 개념을 제시했습니다. 문제 해결은 혼자가 아니라 함께 탐구하는 과정이라는 것이죠. 하지만 듀이는 중요한 경고도 합니다. 협력은 단순히 "함께 일하자"는 구호로 만들어지지 않는다고 말이죠. 협력에는 구조가 필요합니다.

우리 팀의 문제가 바로 그것이었습니다.

"고객의 첫 경험을 쉽게 만들자"는 목표는 있었습니다. 하지만 그 목표를 향해 '어떻게 협력할 것인가'에 대한 구조가 없었습니다.

듀이는 말합니다. 협력적 탐구에는 세 가지 요소가 필요하다고 말이죠:

1. 공통의 문제 인식: 우리가 함께 풀어야 할 문제가 무엇인가?
2. 역할 분담: 각자가 어떤 역할을 맡을 것인가?

3. 상호 의존성: 각자의 역할이 어떻게 연결되는가?

우리는 1번은 달성했습니다. "고객의 첫 경험을 쉽게 만드는 것"이라는 공통의 문제를 인식했으니까요.

하지만 2번과 3번이 없었습니다. 역할 분담도, 상호 의존성에 대한 이해도 없었습니다.

유진님은 빨리 프로토타입을 만들고 싶었고, 준우님은 체계적으로 설계하고 싶었으며, 문영님은 고객 니즈부터 파악하고 싶었습니다. 모두 옳았습니다. 하지만 각자의 역할이 어떻게 연결되는지 몰랐기 때문에, 좋은 의도들이 충돌했습니다. 듀이는 강조합니다. 협력은 '각자 알아서 잘하기'가 아니라, '함께 탐구하는 구조'를 만드는 것이라고 말이죠. 리더의 역할은 "함께 일하자"고 외치는 것이 아닙니다. 협력이 가능한 구조를 설계하는 것입니다.

존 듀이(John Dewey, 1859-1952)

미국의 철학자이자 교육학자입니다. 실용주의 철학의 대표자로, "배움은 경험에서 나온다"고 주장했습니다. 그는 '민주주의와 교육'에서 협력적 탐구(Cooperative Inquiry) 개념을 제시했습니다. 듀이에게 지식은 혼자 얻는 것이 아닙니다. 문제를 함께 탐구하고, 실험하고, 결과를 공유하는 과정에서 만들어지죠. 하지만 그는 경고합니다. "함께하자"는 구호만으론 협력이 일어나지 않는다고. 협력에는 구조가 필요합니다.

공통의 문제, 명확한 역할, 상호 의존성. 이 세 가지가 갖춰질 때 비로소 진정한 협력이 가능합니다. 팀도 마찬가지입니다.

3. '팀 역량 지도'를 그리다: 선의를 시스템으로 연결하기

Chapter 3에서 만들었던 '필살기 매트릭스'가 개인의 강점을 '발견'하는 데는 유용했지만, 팀의 목표 달성을 위한 역할을 '설계'하는 데는 한계가 있음을 알게 되었습니다.

"개인의 강점을 아는 것"과 "그 강점들이 팀 목표를 위해 어떻게 연결되는지 아는 것"은 완전히 다른 차원의 문제였습니다.

그래서 한 단계 더 나아간, 우리 팀만의 '팀 역량 지도'를 만들기 시작했습니다.

G.R.O.W.T.H. 생태계에서 Role의 전략적 위치

여기서 중요한 깨달음이 있었습니다. GROWTH 구조에서 각 요소들은 필연적으로 연결되어 있다는 점입니다:

Goal이 명확해야 → Role이 설계되고 → Role이 명확해야 → Ownership이 생긴다

Chapter 4에서 세운 'One True Why'라는 목표가 있었기에, 이제 그 목표를 달성하기 위한 구체적인 역할들을 설계할 수 있었습니다. 그리고 이 역할이 명확해져야 다음 챕터에서 다룰 '진짜 오너십'도 가능해집니다.

팀 역량 지도의 구조

'팀 역량 지도'는 의외로 간단했습니다:

X축 (핵심 과업): 'One True Why'를 달성하기 위한 구체적인 단계들 "고객 문제 분석 → 솔루션 콘텐츠 제작 → 기술 구현 및 자동화 → 고객 소통 및 피드백 → 데이터 분석 및 개선"

Y축 (팀원): 각자의 이름 "문영님, 준우님, 유진님."

그리고 각 칸을 채워나가며, 단순히 담당자를 정하는 것을 넘어 각자의 역할을 세분화했습니다:

Driver (주도자): 이 과업의 최종 결과에 책임을 지고, 전체를 이끌어가는 사람

Supporter (지원자): 주도자를 도와 실무를 함께 수행하는 사람

Consultant (자문): 자신의 전문 지식으로 의사결정에 도움을 주는 사람

선의의 충돌이 시너지로 바뀌는 순간

앞서 언급한 온보딩 가이드 프로젝트를 '팀 역량 지도'로 다시 설계해보니:

과업	Driver	Supporter	Consultant	시간
고객니즈분석	문영	유진	준우	W1
프로토타입 제작	유진	문영	준우	W2
프로세스 문서화	준우	문영	유진	W3
최종 시스템 구축	유진	준우	문영	W4

이제 각자가 언제 주도하고, 언제 지원하며, 언제 조언하는지가 명확해졌습니다.

이 매트릭스를 팀에 공유한 후 일어난 놀라운 변화들의 이야기입니다.

변화 1: "선의의 충돌"이 사라졌다
- 이전: "이거 제 일 맞나요?" (에너지 소진)
- 이후: "제 역할은 여기까지군요. 다음은 유진님이군요!"
  (명확한 연결)

변화 2: 각자의 강점이 적재적소에 활용되기 시작
- 문영님: 고객 니즈 파악과 피드백 수집에 집중
- 유진님: 빠른 실행과 시스템 구축에 집중
- 준우님: 체계적 문서화와 프로세스 설계에 집중

변화 3: 팀원들이 시스템의 일부임을 자각

팀원들은 비로소 자신이 팀이라는 시스템의 어떤 부품이며, 다른 부품과 어떻게 맞물려 돌아가는지를 한눈에 이해하게 되었습니다.

"아, 제가 빠지면 이 연결고리가 끊기는구나"

이 감각이야말로 다음 챕터에서 다룰 '진짜 오너십'의 시작이었습니다.

위르겐 하버마스: 의사소통 행위 이론

이 이론이 역할 설계에 중요했던 이유는, 명확한 역할이 의사소통의 질을 근본적으로 바꾼다는 것을 보여주었기 때문입니다. 위르겐 하버마스 는 '의사소통 행위 이론(Theory of Communicative Action)'을 통해, 진정한 의사소통이 일어나려면 특정 조건이 필요하다고 말했습니다.

하버마스가 제시한 이상적 의사소통의 조건 중 하나는 '역할의 명확성'입니다. 대화에 참여하는 각자가 자신의 역할과 책임을 명확히 알 때, 진정한 의사소통이 가능하다는 것이죠.

우리 팀의 문제를 하버마스의 관점에서 보면 이렇습니다.

역할이 불명확할 때의 의사소통: "이거 누가 해야 하나요?" (역할 확인) "제가 해도 되나요?" (권한 확인) "팀장님께 물어봐야 하나요?" (책임 회피)

이런 대화들은 진정한 의사소통이 아닙니다. 오히려 의사소통을 방해하는 잡음입니다.

하지만 역할이 명확해지면: "제 역할은 고객 니즈 분석이니까, 이번 주에 인터뷰를 마치겠습니다" "유진님이 프로토타입을 만드시면, 제가 고객 테스트를 진행하겠습니다" "준우님, 문서화에 대해 자문을 구하고 싶은데 시간 되실까요?"

이것이 진정한 의사소통입니다. 각자가 자신의 역할을 알고, 다른 사람의 역할을 존중하며, 협력하는 대화입니다.

하버마스는 강조합니다. 의사소통의 질은 참여자들의 의도나 태도만으로 결정되지 않는다고 말이죠. 구조적 조건, 특히 역할의 명확성이 중요하다고 합니다. 팀 역량 지도는 단순히 업무를 나누는 도구가 아니었습니다. 의사소통의 구조를 바꾸는 도구였습니다.

팀원들은 더 이상 "이거 제 일 맞나요?"라고 묻지 않았습니다. 각자가 자신의 역할을 알았고, 그 역할 안에서 자신 있게 의사소통했습니다.

*위르겐 하버마스(Jürgen Habermas, 1929~)
독일의 사회철학자이자 프랑크푸르트학파 2세대 대표 사상가입니다. '의사소통 행위 이론'에서 "진정한 소통은 권력이나 조작이 아닌, 상호 이해를 목표로 할 때 가능하다"고 주장했습니다. 그는 '이상적 담화 상황'을 제시했습니다. 모든 참여자가 평등하고, 강제 없이 자유롭게 말할 수 있으며, 더 나은 논증이 승리하는 상황이죠. 하지만 이것만으론 부족합니다.

하버마스는 강조합니다. 각자의 역할과 책임이 명확해야 진정한 대화가 가능하다고. 역할의 모호함은 소통을 방해하는 구조적 장애물입니다. 90세가 넘은 지금도 민주주의와 공론장에 대해 발언하는 '살아있는 철학자'입니다. 조직도 마찬가지입니다. 무엇을 하는가(what)보다 왜 존재하는가(why)가 팀의 정체성을 만듭니다.

5. 역할은 '고정'이 아니라 '진화'한다: 성장하는 시스템 설계

하지만 '팀 역량 지도'를 운영하며 새로운 질문들에 부딪혔습니다. 이 질문들은 MZ세대와 함께 일하며 자주 듣게 되는 것들이었습니다:

"저는 언제까지 지원 역할만 해야 하나요? 저도 주도자가 되고 싶어요" "매주 반복되는 데이터 취합 업무는 재미도 없고, 성장에 도움이 안 되는 것 같아요"

이 질문들은 역할 설계가 한번으로 끝나는 것이 아니라, 팀원의 성장과 동기부여까지 고려한 '살아있는 시스템'이어야 함을 알려주었습니다.

오너십 모델의 씨앗

여기서 제가 이후 가장 많이 활용하게 될 '오너십 모델'의 씨앗이 생겼습니다. 팀원들이 자발적으로 책임지고 싶은 영역을 선택하게 하고, 하기 싫은 일은 돌아가면서 맡게 하는 방식 말입니다.

성장 역할(GROWTH Role)의 설계

우리는 '팀 역량 지도'에 각 팀원이 '성장하고 싶은 영역'을 함께 표시했습니다.

실제 적용 사례들:
- 문영님: '고객 소통'의 Driver였지만, '데이터 분석' 영역에서는 Supporter로 참여하며 새로운 분석 스킬을 연마
- 유진님: '실행'이 주 강점이었지만, '프로세스 설계' 영역에서 준우님을 도우며 체계적 사고 방법을 학습
- 준우님: '문서화' 전문가였지만, '고객 소통' 영역에서 문영님을 지원하며 커뮤니케이션 스킬 향상

팀원들과 5년, 10년 뒤의 모습을 논의하며 현재 역할을 커리어 패스와 연결시키는 접근을 했습니다. "지금 이 역할이 당신의 미래에 어떤 도움이 될까요?"라는 질문을 통해서요.

순환 역할(Rotating Role)의 도입

누구에게도 성장과 재미를 주기 어려운 반복적인 운영 업무들:
- 주간 실적 보고 작성
- 정기 미팅 안건 준비
- 단순 데이터 정리 및 취합

이런 업무들은 '순환 역할'로 지정했습니다. 매월 또는 매 분기 담당자를 정해 돌아가면서 책임을 맡는 거죠.

이를 통해 얻은 효과:
- 공정성: 특정인에게 업무가 편중되는 것을 방지
- 투명성: 팀 운영에 필요한 기본적인 업무를 모두가 이해
- 성장: 다양한 영역을 경험하며 전체적인 시야 확보

역할의 진화: 실제 사례

얼마 지나지 않아, 정말 흥미로운 변화가 일어났습니다. 유진님이 저에게 이렇게 말했습니다:

"팀장님, 요즘 제가 다른 팀과의 커뮤니케이션에서도 강점을 보이는 것 같아요. 단순한 실행력을 넘어서 '번역과 연결' 역할도 잘하는 것 같거든요. 복잡한 기술적 내용을 다른 팀이 이해하기 쉽게 설명하는 거요"

처음에는 '빠른 실행'이 강점이었던 유진님이, 실제 업무를 통해 '부서 간 소통과 번역'이라는 새로운 강점을 발견한 거였습니다.

역할은 한번 정해진 숙제가 아니라, 팀의 목표와 개인의 성장에 따라 끊임없이 진화하는 살아있는 유기체였습니다.

이처럼 팀원이 스스로 성장의 방향을 설정하고 구조적으로 연결될 때, 진정한 '오너십'의 씨앗이 자랍니다.

# 6. 리더의 역할 혁명: 지휘자에서 음악 감독으로

구조가 만든 자유

음악의 세계에는 두 가지 리더십이 있습니다. 지휘자(Conductor)는 모든 연주를 실시간으로 통제합니다. 손짓 하나하나가 지시이고, 지휘자 없이는 연주할 수 없죠. 반면 음악 감독(Music Director)은 전체 프로그램을 기획하고, 연주자들을 적재적소에 배치하며, 그들이 자율적으로 최고의 연주를 하도록 환경을 만듭니다.

이전의 저는 전형적인 '지휘자'였습니다. 매일 개별 업무 진척을 확인하고, 모든 의사결정에 개입했으며, 팀원들의 질문과 승인 요청으로 하루 종일 중단되었습니다. "이거 언제까지 해줘", "진척 상황 어때?", "이 부분은 이렇게 하는 게 좋겠어"

하지만 이제는 '음악 감독'이 되었습니다. 주간 단위로 전체 흐름을 점검하고, 팀원들이 자율적으로 의사결정하며, 시스템이 막힐 때는 구조적 개선에 집중합니다.

20세기 위대한 지휘자 레너드 번스타인은 말했습니다. "위대한 지휘자는 자신이 연주하지 않습니다. 오케스트라가 스스로 최고의 연주를 하도록 만들죠" 그는 세세하게 지시하지 않았습니다. 대신 물었습니다. "여러분은 이 부분을 어떻게 느끼나요?"

역설적이지만, 이런 자유는 '악보'라는 구조가 있기에 가능합니다. 악보 없이 연주하면 혼란만 생깁니다. 하지만 악보가 있으면 내 파트가 명확하고, 다른 악기와의 타이밍을 알며, 자신감 있게 연주할 수 있습니다.

재즈의 'Lead Sheet'는 이를 더 잘 보여줍니다. 멜로디, 코드 진행, 기본 리듬만 적혀 있죠. 연주자들은 이 최소한의 구조 안에서 자유롭게 즉흥 연주합니다. 완전히 마음대로가 아닙니다. 구조 안에서의 자유입니다.

이것이 바로 제가 추구했던 "압박하지 않는 리더십"의 구체적 실현이었습니다. 팀원들을 압박하고 통제하는 대신, 팀원들이 스스로 길을 찾도록 돕는 '구조'를 만드는 것. '팀 역량 지도'가 그 구조의 핵심 요소였습니다.

'One True Why'가 우리 팀의 '전체 악보'였다면, '팀 역량 지도'는 각 연주자를 위한 '파트 악보'였습니다. 우리는 이제 각자 무엇을, 언제, 어떻게 연주해야 하는지 명확히 알게 되었습니다.

구조가 만든 자유. 그것이 지휘자에서 음악 감독으로의 전환입니다.

7. 아마존LP: Invent and Simplify

발명하고 단순화하라

아마존의 Invent and Simplify 원칙은 복잡한 협업 문제를 단순한 구조로 해결하는 지혜를 보여줍니다. 이 원칙은 "리더는 팀에게 혁신과 발명을 요구하고 기대하며, 단순화할 방법을 항상 찾는다"고 정의됩니다.

선의의 충돌이 일어났을 때, 우리는 더 많은 규칙과 프로세스로 문제를 해결하려 했습니다. 하지만 그럴수록 상황은 더 복잡해졌죠. 팀 역량 지도를 만들면서 깨달았습니다. 복잡한 문제의 해답은 더 복잡한 시스템이 아니라, 더 단순한 구조라는 것을요.

팀 역량 지도는 바로 이 원칙의 실현이었습니다. 아마존의 가장 유명한 Invent and Simplify 사례가 "Two-Pizza Team" 규칙입니다. 베이조스는 초기 아마존이 성장하면서 회의와 의사결정이 복잡해지는 것을 목격했습니다.

일반적인 해결책은 무엇일까요? 더 많은 프로세스를 만들고, 더 상세한 매뉴얼을 작성하고, 더 긴 회의를 하는 것입니다. 하지만 베이조스는 반대로 갔습니다. "팀 크기를 피자 두 판으로 배불리 먹을 수 있는 인원, 즉 5명에서 8명으로 제한하자"

이 단순한 규칙 하나가 모든 것을 바꿨습니다. 커뮤니케이션 경로가 줄어들었고, 의사결정은 빠르게 이루어졌으며, 책임 소재가 명확해졌습니다. 복잡한 조직 구조 개편이 아니라, 단순한 원칙 하나로 혁신을 만든 것입니다.

팀 역량 지도도 마찬가지였습니다. 복잡한 시스템이 아니라, 단순한 매트릭스 하나로 협업을 바꿨습니다. 선의의 충돌이라는 복잡한 문제를, 단순한 구조로 해결한 것입니다.

우리가 직면했던 복잡한 문제는 이랬습니다. 각자 최선을 다하는데 팀이 움직이지 않았고, 역할 확인과 권한 확인이 끊임없이 반복되었으며, 모든 것이 리더에게 의존하는 구조였습니다. 하지만 해결책은 단순했습니다. X축에는 핵심 과업을, Y축에는 팀원을 배치하고, 각 칸에 Driver, Supporter, Consultant 중 하나를 표시하는 것이었습니다. 이 단순한 구조가 복잡한 문제를 해결했습니다.

Invent and Simplify는 새로운 도구를 만들라는 게 아닙니다. 기존의 복잡함을 단순하게 만드는 것입니다. 팀 역량 지도는 단순했습니다. 누가 무엇을 잘하는지, 어떤 프로젝트에 누가 필요한지. 하지만 이 단순한 도구가 팀 전체의 협업 방식을 바꿨습니다.

리더의 역할도 단순해졌습니다. 지휘자처럼 모든 것을 통제하는 대신, 음악 감독처럼 각자가 자신의 역할을 잘 수행할 수 있는 구조를 만드는 것. 복잡한 보고 체계 대신 투명한 정보 공유, 긴 회의 대신 명확한 역할 정의.

이것이 Invent and Simplify의 진정한 의미였습니다.

Chpater 5 마무리

> 선의의 충돌은 구조의 부재에서 온다.
> 역할이 명확해질 때, 각자의 강점이 시너지로 연결된다.
> 복잡한 문제는 단순한 구조로 해결된다.

선의를 시스템으로 연결하기 시작했습니다. 선의의 충돌은 시너지로 바뀌었고, 각자의 강점은 비로소 팀의 목표를 위한 구체적인 기여로 발현되기 시작했습니다.

하지만 여전히 한 가지 의문이 남았습니다. 팀원들이 자신의 역할을 이해하고, 팀 시스템 안에서의 위치도 파악했습니다. 그런데 왜 어떤 팀원들은 여전히 이런 질문을 할까요?

"역할은 알겠는데... 정말 제가 결정해도 되는 건가요?" "실수하면 어떻게 하죠? 팀장님께 먼저 확인받고 해야 하는 거 아닌가요?"

Role이 진정한 기여가 되려면, 단순히 '무엇을 할지'를 아는 것을 넘어 '어떻게 결정하고 책임질지'를 알아야 합니다. 각자가 맡은 역할에서 진짜 주인의식을 갖고 스스로 동기부여하며 몰입하게 만드는 것. 이것이 바로 기여 구조의 다음 단계였습니다.

"국가의 통치자는 자신의 이익이나 사적 욕망이 아니라, 전체 공동체의 정의로운 질서를 세워야 한다"

— 플라톤 (Plato)

바로 실험하기: [R] Role

Express 5분
선의의 충돌 체크

1. 최근 우리 팀에서 "각자 열심히 하는데 왜 결과가 안 나오지?" 했던 경험이 있나요? 혹시 그것이 역할의 모호함 때문은 아니었는지 돌아보세요.

[   ]

Standard 15분
역할 충돌 지점 찾아보기

1. 지난 한 달 동안 우리 팀에서 발생한 역할 충돌이 있었던 상황을 구체적으로 3가지를 작성해보세요.

"이거 누가 해야 할 일이지?"라며 혼선이 있었던 상황

[   ]

두 사람 이상이 같은 일을 중복해서 했던 경험

[   ]

좋은 의도로 시작했지만 서로 방향이 달라 충돌했던 사례

[   ]

이러한 지점들이 바로 '팀 역량 지도'가 필요한 곳입니다

Deep 30분
초간단 '팀 역량 지도' 그려보기

1. 팀의 핵심 목표(One True Why) 1개를 명확히 하세요

   [   ]

2. 핵심 목표 달성을 위한 3~4개의 핵심 과업을 시간 순으로 나열합니다. 각 과업별로 Driver-Supporter-Consultant 역할을 배정합니다

과업	Driver	Supporter	Consultant	시간

3. 팀원들과 이 지도를 공유하고 피드백 받기

   [   ]

계속 실험 중입니다. 여러분의 팀에서는 각자의 선의가 어떻게 연결되어 있나요?

CHAPTER 06

- Ownership -

기여의 판을

깔아주는 것이다

인간은 자신의 잠재력을 최대한 발휘하고,
자신이 될 수 있는 최고의 모습이 되고자 한다.

– 에이브러햄 매슬로우

Ownership
기여의 판을 깔아주는 것이다

진짜 오너십은 모두를 똑같이 만드는 게 아니라, 각자의 색깔이 빛나게 하는 구조다.

"반복적인 오퍼레이션 업무 때문에 본연의 일에 집중할 수가 없어요"

새로운 팀을 맡을 때마다 1:1 미팅에서 가장 많이 들었던 말입니다. 모두가 같은 일을 하느라 정작 자신이 잘하는 일은 뒷전이었던 거죠. 더 안타까운 건, 능력 있는 팀원들일수록 '알아서 잘하기' 위해 힘든 일을 묵묵히 떠안고 있었다는 거예요.

이 장은 오너십이 "알아서 하세요"가 아니라, "함께 만들어가세요"라는 초대장이라는 이야기입니다. 평범한 5명이 각자의 강점을 극대화하는 팀이, 뛰어난 개인 5명보다 훨씬 강력하다는 것을 경험으로 배워가는 과정입니다.

1. 반복 업무에 묻힌 강점들

새로운 팀을 맡거나 한 해가 시작될 때면 늘 하는 일이 있습니다. 1:1 미팅에서 이렇게 묻는 거예요.

"제가 모든 걸 잘할 수는 없지만, 꼭 해줬으면 하는 한두 가지를 알려주세요" 처음 만난 팀원들에게 가장 많이 들었던 답은 충격적이었습니다. "반복적인 오퍼레이션 업무 때문에 본연의 일에 집중할 수가 없어요"

모두가 같은 일을 하느라 정작 자신이 잘하는 일은 뒷전이었던 거죠. 팀원들은 이미 여러 번의 경험을 통해 '알아서'라는 말을 '네가 책임져'로 받아들이고 있었습니다. 더 안타까운 건, 개인적인 능력이 뛰어난 팀원들일수록 '알아서 잘하기' 위해 힘든 일을 묵묵히 떠안고 있었다는 거예요. 그들은 불평 한마디 없이 야근하고, 주말에도 나와서 일하며, 조용히 지쳐가고 있었습니다.

우리 팀의 현실:
- 같은 고객 이슈를 3명이 각자 해결하는 중복 작업
- "그거 누가 하는 거예요?"라는 질문에 침묵하는 팀
- 야근해서 시스템 개선했지만 아무도 모르는 숨은 기여
- 능력 있는 팀원일수록 더 많은 짐을 지고 소진되는 구조

각자도생의 생존 게임이 되어버린 팀. 특히 잘하는 사람들이 더 빨리 탈진하는 이 구조를 바꿔야 했습니다.

2. 소외된 노동에서 주체적 노동으로

카를 마르크스: 소외된 노동

이 개념이 오너십을 이해하는 데 중요했던 이유는, 사람들이 왜 일에서 소진되는지를 명확히 보여주었기 때문입니다.

카를 마르크스*는 '소외된 노동(Alienated Labor)'이라는 개념을 제시했습니다. 노동자가 자신의 노동으로부터, 노동의 결과로부터, 그리고 다른 노동자들로부터 분리될 때 일어나는 현상이죠.

우리 팀의 현실이 바로 그것이었습니다.

팀원들은 자신의 노동으로부터 소외되어 있었습니다:

- "이 일이 왜 필요한지 모르겠어요." (목적으로부터의 소외)
- "제가 잘하는 일은 따로 있는데." (자신의 강점으로부터의 소외)
- "누가 하든 상관없는 일이에요." (결과물로부터의 소외)

마르크스는 말합니다. 소외된 노동은 인간을 기계로 만든다고 말이죠. 자신의 의지와 무관하게, 주어진 일을 기계적으로 반복하는 존재로요. 하지만 마르크스는 해결책도 제시합니다. '주체적 노동(Self-Determined Labor)'입니다. 노동자가 자신의 노동을 주체적으로 통제하고, 노동의 결과를 소유하며, 다른 노동자들과 협력할 때 일어나는 현상이죠.

Ownership

139

오너십 모델은 바로 이 '주체적 노동'을 가능하게 하는 구조였습니다.

"이 일은 제 일입니다" (자신의 노동에 대한 주체성) "이 결과는 제 기여입니다" (노동의 결과에 대한 소유) "우리 함께 만들어갑니다" (다른 팀원들과의 협력)

마르크스는 경고합니다. 소외된 노동은 사람을 지치게 만든다고 말이죠. 하지만 주체적 노동은 사람을 살아있게 만듭니다. 리더의 역할은 팀원들을 '소외된 노동자'에서 '주체적 노동자'로 전환시키는 구조를 만드는 것입니다.

*마르크스(Karl Marx, 1818-1883)

독일의 철학자이자 경제학자, 사회학자입니다. '경제학-철학 수고'에서 '소외된 노동(Alienated Labor)' 개념을 제시했습니다. 노동자가 자신의 노동, 결과물, 동료로부터 분리될 때 인간성을 잃는다고 주장했죠.

마르크스는 단순히 경제 체제만 비판한 게 아닙니다. "일이 사람을 어떻게 만드는가"를 탐구했습니다. 소외된 노동은 사람을 기계로 만들지만, 주체적 노동은 사람을 창조자로 만듭니다.

현대 조직에서도 여전히 유효합니다. "왜 이 일을 하는지 모르겠다", "내 기여가 보이지 않는다"는 말은 소외의 신호입니다. 리더는 소외를 만드는 구조가 아니라, 주체성을 회복시키는 구조를 만들어야 합니다.

3. 기여를 공시화하는 오너십 모델

어느 날, 팀 회의에서 오너십 모델에 대한 활용안을 발표했습니다.

"지금부터 오너십 모델을 다함께 작성하도록 하겠습니다. 여기 적혀 있지 않은 일은 개인의 취미생활로 생각하겠습니다"

팀원들의 표정이 일순간 얼어붙었어요. 하지만 바로 이어진 설명에 눈빛이 달라졌습니다.

"모든 기여를 공식화하겠다는 뜻입니다. 더 이상 숨은 영웅은 없습니다"

우리 팀이 함께 만든 오너십 모델:
- 벽 한 면을 포스트잇으로 도배 – 우리가 하는 모든 일
- "이거 누가 제일 잘해?" – 각자의 강점 발견
- 공유 문서에 모두 공개 – 투명한 기여 시스템

놀라운 변화가 일어났습니다.

한 팀원이 말했어요: "그동안 제가 하는 데이터 정리가 팀에 도움이 되는지 몰랐어요. 이제 공식적인 기여가 되니까 더 열심히 하게 돼요"

바로 그 디자인 감각이 뛰어난 막내도 이제는 팀의 공식 '비주얼 전문가'가 되었습니다. 더 이상 "그거 누가 하는 거예요?"라는 질

문이 사라졌어요. 오너십 모델을 보면 바로 답이 나오니까요.

실제 오너십 모델 예시

영역	오너	강점	주요 기여
고객 온보딩	유진	공감능력, 프로세스 설계	온보딩 기간 2주 →1주
단축 데이터 분석	수진	엑셀/SQL 전문	주간 리포트 자동화, 고객 데이터 분석
팀 문화	준우	시스템 최적화, 문제 해결	고객 이슈 처리 시간 50% 단축
대외 협력	문영	네트워킹, 커뮤니케이션	타 부서 협업 만족도 90%

팀 미팅도 완전히 달라졌습니다. 제가 주로 이야기하던 50분에서, 각 오너가 자신의 영역을 발표하고 서로 피드백하는 활기찬 시간으로 바뀌었죠. "하면 할 수 있다, 뭐든 한다!"는 에너지가 팀 전체에 퍼졌습니다.

4. 자아실현으로서의 오너십

매슬로우: 자아실현 욕구

에이브러햄 매슬로우(Abraham Maslow, 1908-1970)는 미국의 심리학자로, 인본주의 심리학의 창시자입니다. 그는 1943년 논문 "인간 동기의 이론"에서 욕구 단계 이론을 처음 제시했고, 1954년 '동기와 성격'에서 이를 체계화했습니다.

이 심리학 이론이 오너십 모델의 심리적 기반이 된 이유는, 사람들이 왜 오너십을 원하는지를 명확히 보여주었기 때문입니다.

매슬로우는 '욕구 단계 이론'을 통해 인간의 욕구를 5단계로 나눴습니다. 1단계 생리적 욕구, 2단계 안전 욕구, 3단계 소속 욕구, 4단계 존중 욕구, 5단계 자아실현 욕구입니다. 하위 욕구가 충족되어야 상위 욕구가 활성화됩니다. 그중 가장 높은 자아실현 욕구란 자신의 잠재력을 최대한 발휘하고자 하는 욕구입니다.

우리 팀원들이 오너십 모델을 통해 경험한 것이 바로 이것이었습니다.

"그동안 제가 하는 데이터 정리가 팀에 도움이 되는지 몰랐어요." 이 팀원은 자신의 강점(데이터 정리)을 알고 있었습니다. 하지만 그것이 팀에 기여하는지 몰랐습니다. 그의 잠재력은 인정받지 못한 채 묻혀 있었죠.

매슬로우의 관점에서 보면, 이 팀원은 3단계(팀에 소속)와 4단계

(업무 수행 인정)는 충족되었지만, 5단계(자신의 잠재력 발휘)에는 도달하지 못한 상태였습니다. 오너십이 없으면 자아실현도 없습니다.

오너십 모델을 통해 그의 강점이 '데이터 분석 오너'라는 공식적인 역할이 되었을 때, 그는 자아실현의 기회를 얻었습니다.

매슬로우는 말합니다. 자아실현은 외부의 보상이나 인정을 위한 것이 아니라, 자기 자신의 성장을 위한 것이라고 말이죠. 오너십 모델은 팀원들에게 자아실현의 기회를 제공했습니다:

- "이것이 내가 잘하는 일이다" (자기 인식)
- "이것이 팀에 기여한다" (의미 발견)
- "이것을 통해 나는 성장한다" (자아실현)

매슬로우는 말했습니다. "음악가는 음악을 만들어야 하고, 화가는 그림을 그려야 하며, 시인은 시를 써야 한다. 사람은 자신이 될 수 있는 것이 되어야 한다." 오너십은 팀원들이 "자신이 될 수 있는 것"이 되도록 돕는 구조였습니다.

매슬로우는 또한 경고합니다. 자아실현 욕구가 충족되지 않으면, 사람들은 불만족과 무기력에 빠진다고 말이죠. 우리 팀원들이 처음에 "반복적인 오퍼레이션 업무 때문에 본연의 일에 집중할 수가 없어요"라고 말했을 때, 그들은 바로 이 상태였습니다. 자신의 잠재력을 발휘할 기회가 없었던 것이죠. 하지만 오너십 모델을 통해 각자가 자신의 강점을 발휘하고, 팀에 기여하며, 성장할 수 있게 되었을 때, 그들은 자아실현을 경험했습니다.

리더의 역할은 팀원들에게 자아실현의 기회를 제공하는 것입니다. 그리고 그 기회는 '기여의 판'을 깔아주는 것에서 시작됩니다.

5. 강점 시너지로 만든 1.5 x 5 = 15 성과

대규모 고객 데이터 분석 프로젝트가 떨어졌을 때의 일입니다.

기존 방식 (평균 실력 1.5 × 5명 = 7.5)
- 5명이 각자 고객 50개씩 분석 → 총 250개
- 동일한 템플릿으로 비슷한 결과 5개
- 완성까지 3일, 추가 근무 필수
- 결과물: "그래서 결론이 뭐죠?" → 혼란

강점 기반 방식 (강점 활용도 × 협업 = 15.0)
- 데이터 전문가(3.0): 자동화 템플릿으로 500개 고객 일괄 분석
- 시각화 전문가(2.5): 인터랙티브 대시보드 제작
- 고객 전문가(2.0): 핵심 인사이트 3개 도출
- 나머지 2명(1.5 × 2): 데이터 검증과 고객 피드백
- 완성까지 1.5일, 정시 퇴근

왜 7.5가 아니라 15.0일까요?

여기엔 두 가지 비밀이 있습니다. 첫째, 각자가 강점 영역에서 일할 때 실력이 평균 1.5에서 2.0~3.0으로 배가됩니다. 둘째, 강점들이 서로 보완하며 시너지가 생깁니다. 데이터 전문가의 분석이 시각화 전문가의 대시보드를 만나고, 그것이 고객 전문가의 인사이트

와 결합되면 1+1이 2가 아니라 5가 됩니다.

그 결과는? 우리끼리 더 단단해지며 하나가 되어갑니다: "이게 정말 5명이 만든 거라고? 컨설팅 회사를 능가하는 완성도네요"

제가 팀과 일할 때 의도적으로 추구한 건 다양성이었어요. 25세 막내부터 40대 이상, 신입부터 10년 이상의 경력자까지. 무엇보다 재능이 겹치지 않게 팀을 구성했죠. 빨주노초파남보, 각자의 색이 모여 무지개를 만들듯이.

"우리 팀에는 뛰어난 천재는 없어요. 하지만 각자가 자기 영역의 전문가죠. 그래서 합치면 더 강해요" 한 팀원의 자부심 섞인 이 말이 아직도 기억에 남습니다.

도장 깨기의 문화

팀원들 사이에서 재미있는 표현이 생겼습니다. "도장 깨기"
"이번엔 고객 온보딩에서만큼은 내가 정말 누구보다 잘할 수 있어!" "GTM 행사는 이제 나한테 물어봐. 누구에게든 가르쳐줄 수 있어"
각자의 영역에서 전문가가 되어가는 과정을 게임처럼 즐기기 시작한 거죠. 한 분야의 전문가가 되면, 다음 사람에게 인수인계하고 새로운 도장을 깨러 가는 문화가 자리 잡았습니다.

6. 오너십이 부담이 될 때

우리 팀이 함께 만든 오너십 지도. 처음엔 주저하던 팀원들이 이제는 서로 오너가 되겠다고 나섰습니다.
- 팀에 필요한 일들을 모두 나열
- 각자 잘하는 것, 하고 싶은 것 표시
- 교집합이 큰 순서대로 매칭

"회사에서 필요한 일인데, 내가 잘하고 싶은 거면 베스트죠"

"다른 팀에서 우리 팀 오너십 모델 좀 가르쳐달래요. 뿌듯하면서도 부담스러워요"

한 팀원의 솔직한 고백이었습니다. 어느새 다른 팀에서도 우리의 방식에 관심을 보이기 시작했어요. 고마우면서도 부담스러운 일이었죠.

과도한 열정의 신호들

하지만 몇 달 후, 이상한 신호들이 보이기 시작했습니다.

루틴하고 반복적인 업무조차 오너십 모델에 넣자, 모두가 공평하게 나누어 했습니다. 그런데...

"제가 오너니까 끝까지 책임져야죠" 주말에도 일하는 팀원들이 늘어났습니다.

"팀장님, 사실 도와달라고 말하기가 어려웠어요. 제가 오너인데."

이 말을 들었을 때, 가슴이 철렁했습니다. 오너십이 오히려 협업을 막고 있었던 거예요. 아이러니했습니다. 오너십 모델을 만든 이유가 팀원들에게 자율성과 권한을 주기 위해서였는데, 오히려 그들을 고립시키고 있었습니다. 제가 만든 구조가 팀원들을 가두는 감옥이 되어가고 있었습니다.

팀 미팅은 각 오너들의 발표와 피드백 받는 시간으로 활용되었어요. 다양한 질문과 개선방안이 공유되었죠. 활기찬 변화였지만, 동시에 오너들의 부담도 커졌습니다.

"오너인데 휴가를 어떻게 가요?" 오너십이 권한이 아닌 짐이 되어가고 있었습니다. 이 문제를 팀 회고 시간에 꺼냈습니다. "오너십이 부담스럽진 않나요?" 잠시 침묵이 흘렀습니다. 그리고 한 팀원이 조심스럽게 손을 들었습니다. "저도 사실 그렇게 느꼈어요." 그러자 다른 팀원들도 고개를 끄덕이기 시작했습니다. 문제를 인정하는 순간, 해결의 실마리가 보였습니다.

우리가 함께 만든 오너십 2.0 원칙:
- 오너 ≠ 혼자: 도움 요청은 오너의 권리
- 휴가 때는 백업 오너 자동 활성화: 부담 없는 휴식 보장
- 오너십 순환제: 6개월마다 희망자에 한해 교체
- 취미를 기여로: 개인의 하고 싶은 열정을 오너십으로 공식화

7. 아마존 LP: Bias for Action

완벽을 기다리지 않고, 실험하며 배우다

아마존의 Bias for Action 원칙은 완벽한 오너십 구조를 기다리기보다 실험하며 배우는 자세를 강조합니다. 이 원칙은 "속도는 비즈니스에서 중요하다. 많은 의사결정과 행동은 되돌릴 수 있으며 광범위한 연구가 필요하지 않다"고 정의됩니다.

오너십 모델을 처음 도입할 때, 저는 완벽한 시스템을 설계하려고 했습니다. 모든 경우의 수를 고려하고, 모든 리스크를 제거하려 했죠. 하지만 팀원 중 한 명이 번아웃에 빠졌을 때 깨달았습니다. 완벽한 계획을 세우는 동안, 정작 사람들은 지쳐가고 있었다는 것을요.

Bias for Action은 무모하게 행동하라는 게 아닙니다. "많은 의사결정은 되돌릴 수 있다"는 전제 하에, 실험하고 배우라는 것입니다. 오너십이 부담이 될 때, 우리는 역할을 조정했고, 지원을 강화했으며, 함께 해결책을 찾았습니다. 완벽한 구조를 기다리지 않고, 작은 실험을 반복했습니다.

이 원칙의 핵심은 '계산된 위험 감수'입니다. 오너십을 주되 실패해도 괜찮다는 안전망을 함께 제공하고, 빠르게 피드백하고 조정하는 것. 그 과정에서 팀원들은 진정한 주인의식을 배워갔고, 1.5 x 5 = 15의 시너지를 만들어냈습니다.

Chpater 6 마무리

> 진짜 오너십은 "알아서 하세요"가 아니라
> "함께 만들어가세요"다.
> 각자의 색깔이 빛날 때, 팀은 무지개가 된다.
> 오너십은 지속가능해야 한다. 짐이 아니라 성장의 기회여야 한다.

오너십 모델로 모두가 주인이 되었습니다. 성과도 놀라웠죠. 그런데 왜 팀원들의 표정이 점점 어두워질까요?

"일은 재미있는데... 왜 이렇게 힘들죠?"

주말에도 계속 일 생각이 난다는 팀원들. 성과와 지속가능성, 우리는 그 사이에서 길을 잃고 있었습니다. 다음 챕터에서는 일과 삶의 균형을 찾아가는 여정을 나누겠습니다.

"순종을 배워본 자만이 좋은 통치자가 될 수 있다"

— 아리스토텔레스 (Aristotle)

바로 실험하기: [O] Ownership

Express 5분
숨은 기여 찾기

오늘 팀 회의에서 5분만 할애하여 이 질문 하나만 던져보세요. 숨은 기여를 찾아 인정하는 것만으로도 팀 문화가 달라집니다.

핵심 질문: "우리 팀에서 인정받지 못하는 기여가 있다면 무엇일까요? "

1. 공식적으로 인정받지 못하는 일이 있나요?

2. 그 일을 누가 하고 있는지 알고 있나요?

3. 그 사람의 강점과 연결된 일인가요?

하나라도 발견했다면, 그것부터 공식화하세요.
발견한 숨은 기여는 무엇이었습니까?

Standard 15분
강점 기반 역할 재배치

한 가지 업무를 선택해 실험해 보세요

1. 현재 담당자와 그 사람의 강점 확인

2. 해당 업무를 가장 잘할 수 있는 팀원은 누구인가요?

3. 강점과 업무가 맞지 않다면 재배치 논의

4. 2주간 실험 후 결과 공유 약속

실험 중 재 배치한 업무가 더 많은 에너지와 창의성을 보이는지 관찰하세요

Deep 30분
오너십 모델 만들기

1. 포스트잇/온라인 노트에 팀의 모든 업무 나열

　　진행 가이드: 모든 팀원이 참여하여 팀에서 수행되는 모든 업무를 포스트잇에 작성합니다. 작은 업무도 놓치지 않도록 합니다.

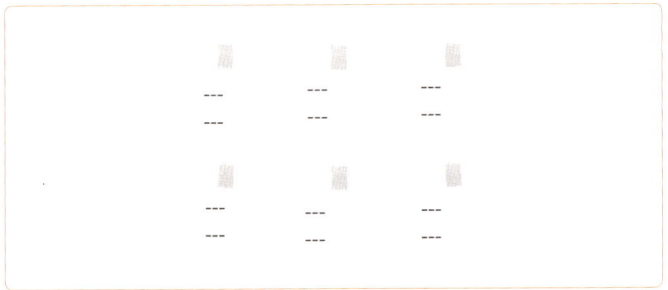

온라인에서 회의할 수 있는 다양한 툴을 활용할 수 있다. 포스트잇 메모를 제공하는 Bordmix, Miro등의 사이트를 사용해 보자.

2. 개인 별 ' 자신이 잘하는 것' 3개 작성, '동료가 잘 하는 것' 1개 작성

　　진행 가이드: 모든 팀원이 자신의 강점을 3가지씩 작성합니다. 자신의 강점을 작성한 후 다른 팀원에 대한 강점도 1가지씩 작성합니다. 자신의 강점과 동료의 강점을 작성한 이유를 함께 공유합니다. 스스로 생각하는 강점과 다른 팀원들이 생각하는 강점을 비교해 볼 수 있습니다.

내가 생각한 나의 강점	동료가 생각한 나의 강점

3. 업무와 강점을 매칭하여 오너 지정

　　진행 가이드: 나열된 업무를 각 팀원의 강점과 매칭시켜 가장 적합한 오너를 지정합니다.

4. 공유문서(구글 시트, 큅, 노션 등)에 오너십 모델 공개

　　완성된 오너십 모델을 모든 팀원이 항상 접근할 수 있는 공유 문서에 기록합니다.

5. '여기 없는 일은 취미생활입니다' 선언 및 공감대 형성

기억하세요! 오너십은 '내가 이 일의 주인'이라는 자부심을 갖게 하는 것입니다. 강점을 기반으로 스스로 결정할 수 있는 권한과 책임을 함께 갖는 주인의식입니다.
→ 〈부록 3. 3-3-3 실험 가이드〉 참고

CHAPTER 07

- Well-being -

실패해도 괜찮다는데,

왜 불안할까?

인간은 쾌락을 추구하는 존재도, 권력을 추구하는 존재도 아니다.
의미를 추구하는 존재다.

- 빅터 프랭클

Well-being
실패해도 괜찮다는데, 왜 불안할까?

최고의 복지는 간식이나 휴가 제도가 아니다. "나의 기여가 반드시 의미 있게 쓰인다"고 믿게 만드는 '기여적 안정감'이라는 구조다.

"팀장님, 성과도 나고 일도 재미있는데… 왜 이렇게 불안할까요?"

Chapter 6의 오너십 모델을 통해 우리 팀은 스스로 움직이는 고성능 조직이 되어가고 있었습니다. KPI는 녹색등을 켜고 있었고, 매주 혁신적인 아이디어들이 쏟아졌어요. 겉으로 보기엔 완벽한 팀이었죠.

그런데 회사의 '팀 건강 진단 서베이' 결과는 충격적이었습니다. 성과 지표는 모두 녹색이었지만, '신뢰', '소통', '심리적 안전감' 지표는 모두 빨간색 경고등을 띄우고 있었어요.

이 장은 심리적 안전감을 넘어, '기여적 안정감'을 만들어가는 이야기입니다. 실패해도 괜찮다는 말을 넘어, 모든 시도가 팀의 자산이 된다는 확신을 주는 구조를 설계하는 과정입니다.

1. 성과를 내는 팀은 정말 '행복'할까?

"팀장님, 성과도 나고 일도 재미있는데… 왜 이렇게 불안할까요?"

Chapter 6의 오너십 모델을 통해 우리 팀은 스스로 움직이는 고성능 조직이 되어가고 있었습니다. KPI는 녹색등을 켜고 있었고, 매주 혁신적인 아이디어들이 쏟아졌어요. 겉으로 보기엔 완벽한 팀이었죠.

그런데 어느 날 팀 회의에서 한 팀원이 "이 부분은 잘 모르겠는데."라고 말을 꺼내다가 갑자기 멈췄습니다. 순간 주변을 살피며 움츠러드는 그 표정.

"괜찮아요, 편하게 물어보세요"

제가 격려했지만, 그는 고개를 저으며 "아니에요, 제가 더 찾아볼게요"라고 말을 돌렸습니다. 그 순간 알게 되었어요. 성과는 나고 있지만, 팀원들은 여전히 '모르는 것을 모른다고 말하는 것'을 두려워하고 있다는 것을.

높은 성과 뒤에 숨겨진 진실

실제로 회사에서 시행한 '팀 건강 진단 서베이(Connections Survey)' 결과는 충격적이었습니다. 성과 지표는 모두 녹색이었지만, '신뢰', '소통', '심리적 안전감' 지표는 모두 빨간색 경고등을 띄우고 있었어요.

돌이켜보니 이런 조직 건강 검진 체계는 정말 중요한 것 같습니다. 팀의 건강 상태가 너무 나빠지기 전에 미리 발견하고 개선할 수 있으니까요. 자칫 평가의 수단이 되어 왜곡되지 않도록 조심한다면, 정말 의미 있는 도구가 될 수 있죠. 마치 정기 건강검진이 큰 병을 예방하듯이 말입니다.

우리 팀의 모순적인 상황:
- 목표 달성률은 상위권
- 혁신 아이디어도 활발히 제출
- 하지만 팀원들의 표정은 어둡고
- 회의 시간의 침묵은 길어지고
- "괜찮아요"라는 말 뒤의 불안한 눈빛

동료들은 보이지 않는 불안 속에서 소리 없이 지쳐가고 있었던 거예요.

그때 한 동료가 1:1에서 털어놓은 말이 아직도 귀에 맴돕니다.

"팀장님, 저는 매일 아침 출근할 때마다 '오늘은 실수하지 말아야지'라고 다짐해요. 성과를 내야 한다는 압박감도 있지만, 더 무서운 건 제가 모르는 걸 들킬까봐 두려운 거예요. 언제까지 이렇게 버틸 수 있을지."

그 순간 아무 말도 할 수 없었습니다. 제가 만든 '고성능 팀'이 사실은 '고압력 팀'이었다는 걸 깨달았으니까요.

2. 소유에서 존재로

에리히 프롬: 소유냐 존재냐

이 철학적 질문이 팀의 웰빙을 이해하는 데 중요했던 이유는, 진정한 안정감이 무엇인지를 명확히 보여주었기 때문입니다.

독일 출신 정신분석학자이자 사회심리학자 프롬은 '소유냐 존재냐(To Have or To Be, 1976)'에서 현대인의 삶의 방식을 두 가지로 구분했습니다. 그는 프로이트와 마르크스의 영향을 받았지만, 그들을 넘어섰습니다. "인간은 무엇을 가져야 행복한가?"가 아니라 "인간은 어떻게 존재해야 행복한가?"를 물었죠.

그는 경고합니다. 현대 사회는 모든 것을 '소유'로 환원한다고. 지식도, 관계도, 심지어 자아도 '소유할 것'이 됩니다. 하지만 진정한 행복은 존재에서 나옵니다.

조직도 마찬가지입니다. 성과를 소유해야 가치가 있다고 믿는 문화는 불안을 만듭니다. 존재 자체로 가치있다고 느끼는 문화가 진정한 안정감을 줍니다.

우리 팀원들이 불안했던 이유가 여기에 있었습니다.

"성과도 나고 일도 재미있는데... 왜 이렇게 불안할까요?"

이 질문의 핵심은 '소유 방식'에 있었습니다. 팀원들은 성과를 '소유'함으로써 자신의 가치를 증명하려 했습니다. 하지만 소유는 언제나 불안정합니다. 잃어버릴 수 있으니까요.

"오늘은 실수하지 말아야지" "제가 모르는 걸 들킬까봐 두려워요" 이것이 바로 '소유 방식'의 불안입니다. 성과를 소유해야 하고, 능력을 소유해야 하며, 완벽함을 소유해야 한다는 강박. 그리고 그것을 잃어버릴까봐 두려운 것이죠.

프롬은 말합니다. 진정한 안정감은 '존재 방식'에서 온다고 말이죠. 프롬은 이를 '존재론적 불안'이라 불렀습니다. 가진 것을 잃을까봐, 남보다 덜 가질까봐, 계속 더 가져야 한다는 강박이 만드는 불안입니다. 소유가 많을수록 지켜야 할 것이 많아지고, 잃을 것에 대한 두려움도 커집니다. 존재 방식은 이렇습니다: "나는 실수할 수 있는 존재다" "나는 모르는 것이 있는 존재다" "나는 성장하는 존재다"

이것이 바로 제가 찾고 있던 '기여적 안정감'의 철학적 기반이었습니다. 차이는 명확합니다. 소유 방식은 "나는 성과 10개를 가졌다"(과거 완료)이지만, 존재 방식은 "나는 팀에 기여하고 있다"(현재 진행)입니다. 전자는 잃을 수 있지만, 후자는 잃을 수 없습니다. 존재는 빼앗을 수 없으니까요.

팀원들에게 필요한 것은 "실패해도 괜찮다"는 허락이 아니었습니다. "나의 존재 자체가 팀에 기여한다"는 확신이었습니다.

프롬은 강조합니다. 소유 방식은 경쟁과 불안을 낳지만, 존재 방식은 협력과 안정을 낳는다고 말이죠.

리더의 역할은 팀원들을 '소유 방식'에서 '존재 방식'으로 전환시키는 구조를 만드는 것입니다.

3. 심리적 안전감을 넘어, '기여적 안정감'으로

며칠 동안 고민했습니다.

구글의 유명한 '프로젝트 아리스토텔레스'에서도 심리적 안전감이 최고 성과팀의 핵심이라고 했죠. "대인관계의 위험을 감수해도 안전하다고 느끼는 믿음" 물론 중요합니다.

그런데 실제로 팀원들과 일하다 보니 뭔가 부족했어요.

한번은 팀원이 이렇게 말했습니다. "실패해도 괜찮다고 하시는데... 그래서요? 제가 실패하든 성공하든 그게 팀에 무슨 도움이 되는지 모르겠어요"

그들이 원한 건 단순한 '안전'이 아니었어요. '내가 하는 일이 의미 있다'는 확신을 갖고 싶어했습니다. 실패해도 그것이 팀의 학습이 되고, 작은 시도라도 전체의 성장에 기여한다는 느낌. 그런 확신을 스스로 가질 수 있는 환경이 필요했던 거예요.

이건 단순히 말의 차이가 아니었습니다. 심리적 안전감은 '두려움 제거'에 초점을 맞춥니다. "실패해도 벌받지 않아", "이상한 질문해도 괜찮아". 물론 필요합니다. 하지만 충분하지 않았어요.

사람들은 두려움이 없다고 해서 자동으로 동기부여되지 않습니다. 오히려 이렇게 말하더군요. "안전하긴 한데... 왜 해야 하는지 모르겠어요" 그제야 알았습니다. 안전만으로는 부족하다는 것을. 기여라는 의미가 더해져야 진짜 안정감이 된다는 것을요.

두 안정감의 결정적 차이

한 번은 팀 회고 시간에 이런 대화가 오갔습니다.

심리적 안전감만 있을 때의 회의:
- 팀원: "이 아이디어는 실패할 수도 있지만 시도해봐도 될까요?"
- 리더: "그럼요, 실패해도 괜찮아요"
- 팀원 속마음: '정말 괜찮을까? 평가에 반영되지 않을까?'

기여적 안정감이 있을 때의 회의:
- 팀원: "이 실험이 우리 목표에 도움이 될 것 같은데 시도해봐도 될까요?"
- 리더: "좋아요! 설령 예상과 다르게 흘러가더라도, 그 과정에서 우리가 배울 점이 분명 있을 거예요. 실패도 팀의 자산이니까"
- 팀원 속마음: '내 시도가 어떻게든 팀에 도움이 되는구나!'

차이가 느껴지시나요? 전자는 실패를 용인하는 수준이지만, 후자는 모든 시도가 팀의 자산이 된다는 확신을 줍니다. 이것이 제가 발견한 '기여적 안정감(Contributory Safety)'의 핵심입니다.

4. 나와 너의 관계

마틴 부버: 나와 너(I-Thou)

이 철학적 개념이 기여적 안정감을 만드는 데 중요했던 이유는, 진정한 인정이 무엇인지를 명확히 보여주었기 때문입니다.

마틴 부버는 "나와 너(Ich und Du)"에서 두 가지 관계 방식을 제시했습니다. 마틴 부버(Martin Buber, 1878-1965)는 오스트리아 출신 유대계 철학자이자 신학자입니다. '나와 너'(1923)에서 인간관계의 본질을 탐구했습니다.

부버는 두 가지 관계를 구분했습니다. 나-그것(I-It)은 상대를 대상화하는 관계로 일상의 대부분을 차지하며, 나-너(I-Thou)는 상대를 있는 그대로 만나는 진정한 관계입니다. 나-그것 관계가 나쁜 건 아닙니다. 필요하죠. 하지만 사람을 '그것'으로만 대하면 소외가 생깁니다. 조직에서 팀원을 '인력 자원'으로만 보는 것이 나-그것 관계라면, '함께 성장하는 존재'로 보는 것이 나-너 관계입니다.

나-그것(I-It) 관계: 상대를 수단이나 대상으로 보는 관계
나-너(I-Thou) 관계: 상대를 목적 그 자체로 보는 관계

팀원들이 불안했던 이유가 여기에 있었습니다.
"제가 모르는 걸 들킬까봐 두려워요" 이 말의 이면에는 "나는 그것(It)"으로 취급받고 있다는 불안이 있었습니다. 성과를 내는 도

구, 능력을 소유한 자원, 평가받는 대상.

부버는 말합니다. 나-그것 관계에서 인간은 소외된다고 말이죠. 왜냐하면 자신이 목적이 아니라 수단으로 취급받기 때문입니다.

하지만 나-너 관계는 다릅니다.

"이번에 만드신 가이드 덕분에 신입들의 적응이 빨라졌어요"

이 말은 단순한 칭찬이 아닙니다. 이것은 '나-너' 관계의 인정입니다. 당신의 존재 자체가, 당신의 기여 자체가 의미 있다는 것을 인정하는 것이죠. 같은 칭찬도 관계에 따라 다릅니다. "좋은 성과 냈네요"는 나-그것 관계의 평가입니다. 하지만 "당신 덕분에 팀이 성장했어요"는 나-너 관계의 인정입니다. 전자는 결과를 보지만, 후자는 존재를 봅니다. 이 미묘한 차이가 팀원의 안정감을 만듭니다.

부버는 강조합니다. 나-너 관계는 상호적이라고 말이죠. 리더가 팀원을 '너'로 대할 때, 팀원도 리더를 '너'로 대하게 됩니다. 그리고 그 관계 속에서 진정한 신뢰가 생깁니다.

기여적 안정감은 바로 이 '나-너' 관계에서 시작됩니다.

팀원을 '성과를 내는 도구'가 아니라 '함께 성장하는 존재'로 대할 때, 팀원은 안정감을 느낍니다. 왜냐하면 그들은 더 이상 '그것(It)'이 아니라 '너(Thou)'이기 때문입니다.

리더의 역할은 팀원들을 '나-그것' 관계에서 '나-너' 관계로 전환시키는 것입니다. 그리고 그것은 진정한 인정과 존중으로 시작됩니다.

5. 기여적 안정감을 만드는 세 가지 구조

'기여적 안정감'이라는 개념은 좋은데, 어떻게 만들지가 문제였습니다. 처음엔 저도 막막했어요. "팀원들이 기여를 인정받는다고 느끼게 하려면 뭘 해야 하지?" 칭찬을 더 많이 할까? 피드백을 자주 줄까?

하지만 그런 일회성 행동으로는 한계가 있더라고요. 결국 이것도 '구조'로 만들어야겠다고 생각했습니다. 몇 개월간 실험하며 찾은 세 가지 방법이 있어요.

하나. 예측 가능한 시스템: 온보딩 FAQ를 통한 첫 기여

새로운 동료가 팀에 합류했을 때의 불안감을 기억하시나요? 기여적 안정감을 만드는 첫 번째 원칙은 '가장 약한 순간에 기여할 수 있게 하는 것'입니다. 신입은 팀에서 가장 취약한 존재입니다. 모르는 것 투성이고, 도움만 받는 사람이죠. 바로 그 순간에 기여할 수 있다면, 그것이야말로 진짜 안정감의 시작입니다. 한 신입 팀원이 이렇게 말했습니다.

"동료분들이 다 친절하신데, 뭘 물어봐야 할지도 모르겠고... 다들 바쁘신데 엉뚱한 질문해서 민폐가 될까봐 주저하게 돼요"

처음엔 우려도 있었습니다. "신입이 문서를 쓸 시간이 어디 있어요?" 하지만 오히려 반대였습니다. 신입들은 자신이 막혔던 지점을 가장 생생히 기억합니다.

그래서 그들이 쓴 FAQ가 다음 신입에게 더 실용적이었죠. 베테랑이 쓴 "당연한 것들"보다, 신입이 쓴 "진짜 궁금했던 것들"이 더 도움이 됐습니다.

"앞서 입사한 팀원이 쓴 FAQ 덕분에 첫 주를 무사히 넘겼어요. 저도 다음 신입을 위해 제 경험을 추가했습니다!"

신규 동료는 입사 첫날부터 FAQ를 업데이트하며 팀에 기여합니다. 처음엔 자신의 막막함을 해소하기 위해 찾아본 내용을 정리하지만, 그 기록이 다음 사람에게 큰 도움이 되고, 또 그 사람이 더 나은 방법을 추가하면서 문서는 계속 진화하죠.

이런 흐름이 자연스럽게 이어지다 보면, "나도 도움이 될 수 있다"는 감각이 "나는 이 팀에 꼭 필요한 사람이다"는 믿음으로 확장됩니다.

특히 제가 중요하게 생각한 건 이 부분이었어요. 온보딩 단계부터 '기여하는 문화'가 자연스럽게 체화되도록 설계하는 것. 처음부터 나의 경험이 누군가에게 도움이 되는 구조가 존재한다면, 신입은 단순한 '수용자'가 아니라 팀의 일원으로 출발할 수 있다고 믿으니까요.

재미있는 건, 이 문서는 살아있는 생명체처럼 진화한다는 점이에요. 처음엔 단순히 '자격증 신청하는 법' 정도였는데, 어느새 '바우처 신청 영상', '시험 팁', '시험자료 공유'까지 덧붙여졌고, 결국엔 함께 공부하는 스터디로까지 확장되었어요.

누가 시킨 것도 아닌데, 각자 겪은 시행착오를 자연스럽게 보태면서 팀의 지식과 연결감이 함께 커진 거죠.

Well-being

이걸 보면서 확신이 들었어요. 기여는 제도보다 문화이고, 문화는 '처음부터 가능한 구조'에서 시작된다는 것을요.

둘. 실패를 자산으로: '성장 회고' 루틴

"실패를 공유하자"고 하면 다들 얼어붙습니다. 그래서 저는 먼저 제 실패를 털어놨어요.

"지난주에 고객 미팅 장소를 잘못 알아서 다른 곳으로 갈 뻔했어요"

팀원들이 웃기 시작했습니다. 그리고 하나둘씩 비슷한 경험이나, 또다른 자신의 실수들을 나누기 시작했어요.

한 달 후, 팀 채널에 누군가 이런 메시지를 올렸어요.

"방금 고객 데모에서 에러났어요. 근데 고객님이 '실시간으로 문제 해결하는 모습이 인상적이다'고 하셨어요. 실패 공유 타임 덕분에 침착하게 대응할 수 있었습니다!"

중요한 건 실패를 '용인'하는 것이 아니라 '가치화'하는 것이었습니다. "실패해도 괜찮아"는 허락이지만, "실패에서 배운 것을 공유해줘서 고마워"는 인정입니다. 전자는 두려움을 줄이지만, 후자는 의미를 만듭니다. 우리 팀은 실패 공유 채널에 올라온 글마다 리액션과 함께 "배움 감사합니다"라는 댓글이 달리기 시작했습니다.

셋. 투명한 인정: 기여를 확인하는 1:1

"1:1이 제일 무서워요"라던 한 팀원. 몇 달 뒤, "1:1 시간이 기다려져요"라고 말하게 된 과정을 되돌아보면, 한 가지 중요한 변화가 있었습니다.

기존 1:1은 "요즘 어떠세요?"라는 막연한 질문으로 시작했다면, 이제는 "이번에 만드신 가이드 덕분에 신입들의 적응이 빨라졌어요"로 시작합니다.

처음엔 "이번 주에 뭘 했더라?" 하며 기억을 더듬었죠. 그래서 '기여 노트'를 만들었습니다. 슬랙에서 팀원의 기여가 보이면 바로 메모하는 습관을 들였습니다. "준우님이 만든 자동화 스크립트로 팀 전체가 하루 2시간씩 절약", "유진님의 고객 응대 템플릿을 다른 팀에서도 쓰기 시작함". 이렇게 쌓인 기록이 1:1의 기반이 되었습니다.

기여 중심 1:1의 구조:
- 먼저 구체적인 기여 인정 (10분)
- 새로운 접근 방안, 어려움과 필요한 지원 논의 (20분)
- 다음 도전 과제 함께 탐색 (20분)

이 변화의 핵심은 추상적 칭찬에서 구체적 기여 확인으로의 전환이었습니다. "잘하고 있어요"는 격려지만, "당신이 만든 온보딩 가이드 덕분에 신입 적응 기간이 2주에서 1주로 줄었어요"는 증거입니다. 전자는 기분을 좋게 하지만, 후자는 존재의 의미를 확인시켜 줍니다. 그리고 그 차이가 기여적 안정감을 만들었습니다.

6. "피드백 시간이 기다려져요" 라는 변화

매일같이 진행되는 Connections Survey, 어느새 빨간색 경고등들이 하나 둘 사라지기 시작했어요.

꾸준한 조직 건강 검진을 통해 우리는 변화를 확인할 수 있었습니다. 팀에 대한 단순 평가가 아닌 성장의 도구로 활용했기에 가능한 일이었죠.

일상의 작은 기적들:

- 회의실 문을 열 때 밝은 표정들
- "이런 거 해봐도 될까요?"가 일상어가 됨
- 실패 후 "다음엔 이렇게 해보죠"라는 건설적 대화

한 팀원의 말이 기억에 남습니다.

"이제는 실패가 두렵지 않아요. 실패해도 그게 헛되지 않을 거라는 걸 아니까요"

Well-being이 만든 성과의 선순환

아이러니하게도, 압박을 줄이고 기여적 안정감을 높이자 성과는 더 좋아졌습니다. 야근이 줄었는데 일은 더 잘되고, 실수가 빨리 공유되어 문제 해결이 빨라졌죠.

이제 우리 팀은 '빨리 가는 팀'이 아닌 '멀리 가는 팀'이 되었습니다.

7. 아마존 LP: Strive to be Earth's Best Employer

진짜 최고의 고용주는 기여의 구조를 만든다

아마존의 Strive to be Earth's Best Employer 원칙은 단순한 복지가 아니라 진정한 성장과 안정감을 제공하는 조직의 책임을 강조합니다. 이 원칙은 "리더는 모든 팀원을 위해 더 안전하고, 생산적이며, 성능이 높고, 다양하고, 정의로운 일터를 만들기 위해 노력한다"고 정의됩니다.

성과를 내는 팀이 정말 행복할까요? 우리 팀은 목표를 달성했지만, 팀원들은 불안해했습니다. 심리적 안전감만으로는 부족했습니다. 실패해도 괜찮다는 말은 있었지만, 진짜로 기여하고 있다는 확신은 없었던 거죠.

기여적 안정감은 바로 이 원칙의 실현이었습니다.

많은 회사들이 '최고의 고용주'를 오해합니다. 높은 연봉, 좋은 복지, 멋진 사무실로 이해하죠. 하지만 진짜 '최고의 고용주'는 그게 아닙니다.

진짜 '최고의 고용주'는 팀원들이 안전하게 기여하고, 생산적으로 일하며, 높은 성과를 내면서도, 다양성을 존중받고, 공정하게 대우받는 환경을 만드는 것입니다.

기여적 안정감이 바로 그것이었습니다.

"나의 기여가 반드시 의미 있게 쓰인다"는 확신. 이것이 팀원들에게 진정한 안전을 제공했습니다.

"실패해도 그것이 팀의 학습이 된다"는 믿음. 이것이 팀원들을 생산적으로 만들었습니다.

"모든 시도가 팀의 자산이 된다"는 경험. 이것이 높은 성과를 만들었습니다.

Strive to be Earth's Best Employer는 단순히 복지를 제공하는 것이 아닙니다. 팀원들이 자신의 최고의 모습을 발휘할 수 있는 환경을 만드는 것입니다.

리더의 역할은 팀원들에게 간식과 휴가를 제공하는 것이 아닙니다. 그들이 안심하고 기여하며 성장할 수 있는 구조를 만드는 것입니다.

Chpater 7 마무리

> 최고의 복지는 간식이나 휴가가 아니라,
> 기여의 의미를 확신하게 하는 구조다.
> 심리적 안전감을 넘어 기여적 안정감으로 갈 때,
> 팀은 진정으로 안전해진다. 지구 최고의 고용주는
> 최고의 복지가 아니라, 최고의 환경을 만드는 사람이다.

    기여적 안정감으로 팀은 훨씬 편안해졌습니다. 실패도 자산이 되었죠.

    그런데 한 팀원의 질문이 또 다른 숙제를 던졌어요.

    "팀장님은 믿는다고 하시는데, 왜 매일 진척 상황을 물어보세요?"

    순간 할 말을 잃었습니다. 기여적 안정감을 만들었지만, '신뢰'라는 더 깊은 과제가 남아있었습니다. 다음 챕터에서는 이 모순을 어떻게 해결했는지 이야기하겠습니다.

바로 실험하기: [W] Well-being

Express 5분
나의 기여적 안정감 자가진단

1. 잠시 멈추고 스스로에게 물어보세요. 각 항목을 1~5점으로 평가해보세요.

팀 회의에서 반대 의견을 편하게 낼 수 있다
1   2   3   4   5

모르겠다고 솔직하게 말할 수 있다
1   2   3   4   5

실패해도 배움이 될 거라 믿는다
1   2   3   4   5

내 작은 기여도 인정받는다고 느낀다
1   2   3   4   5

새로운 시도를 제안하는 게 자연스럽다
1   2   3   4   5

나의 기여적 안정감 자가진단 점수를 작성해 주세요 _____

15점 이하라면? 이 챕터의 실험들을 하나씩 시도해 보세요

Standard 15분
팀원 1명과 기여감 대화

이번 주에 팀원 한 명과 커피 한잔하며 다음 질문에 대해 대화해 보세요

1. 최근 가장 의미있게 기여했다고 느낀 순간은?

2. 그때 무엇이 그렇게 느끼게 했나요?

3. 앞으로 더 기여하고 싶은 영역은?

대화 후 그 팀원의 기여를 팀 채널에 공유해 보세요

Deep 30분
'성장 회고 시스템' 설계

우리 팀만의 성장 회고 시스템을 만들어보세요.

1. 회고 주기 정하기(주간 추천)

2. 회고 템플릿 만들기

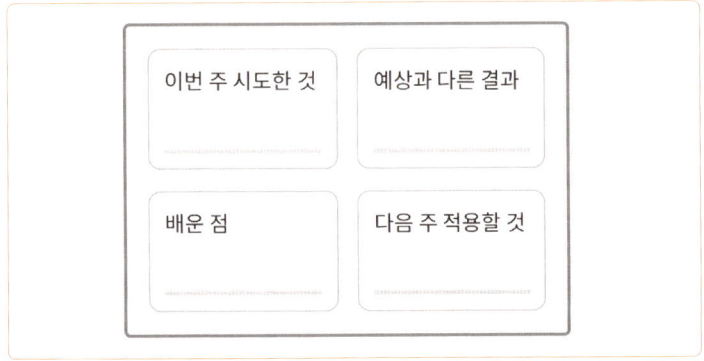

구분	질문
이번주 시도 한 것	이번 주에 시도한 일이나 방식은 무엇이었나요? 왜 그 시도를 하게 되었나요? (배경이나 기대했던 효과는?)
예상과 다른 결과	이번 주에 예상과 달랐던 일이나 결과는 무엇이었나요? 그 차이가 생긴 이유는 무엇이라고 생각하나요?
배운점	경험을 통해 얻은 가장 큰 배움은 무엇이었나요? 다른 팀원들에게도 도움이 될 만한 인사이트는 무엇인가요
다음주 적용 할 것	이번 주 배운 점을 다음 주에 어떻게 적용해볼 수 있을까요? 더 나은 결과를 위해 팀이 함께 바꿔볼 수 있는 것은 무엇인가요? 구체적으로 실천할 '하나의 약속'을 정한다면 무엇인가요?

3. 심리적 안전 규칙 3가지 정하기

1. _____
2. _____
3. _____

4. 첫 회고 일정 공유

날짜	시간	장소

리더가 먼저 가장 큰 실패를 공유하세요.

여러분의 팀은 실패를 숨기는 팀인가요, 아니면 실패에서 배우는 팀인가요?

CHAPTER 08

- Trust -

공정한 시스템이

진짜 신뢰를 만든다

투명성이 없는 곳에는 신뢰도 없다.

– 워렌 버핏 (Warren Buffett)

Trust
공정한 시스템이
진짜 신뢰를 만든다

"믿는다"는 말은 신뢰의 시작이 아니라, 잘 설계된 신뢰 시스템의 결과물이어야 한다.

"팀장님은 정말 저를 믿으신다고 하는데, 그럼 왜 매일 진척 상황을 보고받으시는 건가요?"

Chapter 7에서 기여적 안정감을 구축했습니다. 팀원들이 실패를 두려워하지 않고 자유롭게 의견을 나누기 시작했죠. 하지만 한 동료가 1:1에서 조심스럽게 던진 이 질문이 제 모든 확신을 흔들어 놓았습니다.

저는 분명 믿는다고 했는데, 왜 동료는 믿음을 느끼지 못할까요? 입으로는 "믿는다"고 말하면서도 행동은 달랐습니다. 매일 진척 상황을 묻고, 중요한 결정은 제가 쥐고 있었으니까요.

이 장은 감정의 신뢰를 넘어 시스템의 신뢰로 가는 이야기입니다. 리더는 정보의 '허브'가 아니라 투명한 '도로'를 설계하는 사람이라는 것을 배워가는 과정입니다.

1. 신뢰, 말로는 쉽다

    Chapter 7에서 기여적 안정감을 구축했습니다. 팀원들이 실패를 두려워하지 않고 자유롭게 의견을 나누기 시작했죠. 하지만 뭔가 이상했습니다. 심리적으로 안전하다고 느끼는데도, 여전히 서로를 경계하는 듯한 미묘한 긴장감이 남아있었어요.
    이런 불신은 단순히 효율성을 떨어뜨리는 것을 넘어, 어렵게 구축한 기여적 안정감까지 서서히 무너뜨리고 있었습니다.
    그러던 중, 한 동료가 1:1에서 조심스럽게 던진 질문이 제 모든 확신을 흔들어놓았습니다.
    "팀장님은 정말 저를 믿으신다고 하는데, 그럼 왜 매일 진척 상황을 보고받으시는 건가요? 이게 또 다른 '공포의 엑셀'은 아닌가요?"
    팀장이 된 이후로 어떻게 이것을 설명해야 할지 모르는 어려운 순간이었습니다. 저는 분명 믿는다고 했는데, 왜 동료는 믿음을 느끼지 못할까요?

신뢰의 역설

    "저는 여러분을 믿고 신뢰합니다"
    리더가 흔히 하는 말이지만, 실제 동료들의 속마음은 다를 수 있습니다.
    "믿는다면서 왜 이렇게 자꾸 체크하고 확인하지?" "믿는다고는 하지만, 중요한 일은 결국 본인이 다 하시잖아?"

저 역시 그랬습니다. 입으로는 "믿는다"고 말하면서도 행동은 달랐죠. 매일 진척 상황을 묻고, 중요한 결정은 제가 쥐고 있었습니다.

그 행동들은 의심이 아니라 책임감 때문이었습니다. "혹시라도 빠뜨리면 안 되니까", "동료에게 부담이 될까 봐". 하지만 이런 과보호가 오히려 신뢰를 갉아먹고 있었던 거죠.

스티븐 코비는 '신뢰의 속도'에서 "신뢰가 높으면 속도는 빨라지고 비용은 낮아진다"고 말했습니다. 반대로 신뢰가 낮으면 모든 것이 느려지고 비용은 올라갑니다. 매일 진척을 확인하고, 이중 삼중으로 체크하고, 중요한 일을 혼자 처리하는 것. 이 모든 게 '저신뢰 비용'이었습니다. 우리 팀이 느린 이유는 능력이 부족해서가 아니라, 신뢰 시스템이 없어서였습니다.

숨겨진 균열의 발견

심리적 안전감을 만들었다고 생각했는데, 왜 아직도 서로를 의심하고 있을까요?

한 경력직 동료와의 대화에서 답을 찾기 시작했습니다.

"팀장님, 저는 이전 회사에서 나름 인정받던 사람이었어요. 여기서도 뭔가 특별한 기여를 하고 싶은데, 자꾸 '기본부터 하라'고만 하시니까... 제가 정말 믿을 만한 사람인지 의구심이 들어요"

그제야 알아차렸습니다. 제가 "기본에 충실하라"고 조언한 건 배려였지만, 동료에게는 '네 능력을 믿지 못한다'는 메시지로 전달

되었던 거죠.

하지만 정작 저를 흔든 건 다음이었습니다. 이게 그 동료만의 생각이 아니었다는 겁니다. 다른 팀원들도 비슷한 생각을 하고 있었어요.

"중요한 프로젝트는 결국 팀장님이 다 결정하시잖아요", "실수하면 안 되니까 계속 확인하시는 거 아닌가요?"

저는 '신뢰'를 말하면서도, 정작 동료들이 자신의 강점을 발휘할 기회를 주지 않고 있었습니다. 동료가 실수할 수도 있다는 걸 알면서도, 그들에게 중요한 일을 맡기는 것. 그게 진짜 신뢰인데, 저는 그걸 못하고 있었던 거예요.

이것이 제 리더십의 또다른 시작점이 되었습니다. 신뢰는 '더 믿으려고 노력하는 것'이 아니라, '믿을 수밖에 없는 시스템'을 만드는 것이라는 생각으로 이어졌거든요. 결국 사람을 보는 관점의 전환이었습니다.

패트릭 렌시오니는 '팀의 다섯 가지 역기능'에서 신뢰의 기반은 '취약성'이라고 말했습니다. "나는 완벽하지 않다", "나도 실수한다", "나도 모르는 게 있다"를 인정할 수 있을 때 진짜 신뢰가 시작된다고요. 하지만 리더인 저는 취약함을 보이는 게 두려웠습니다. 완벽해 보여야 존경받는다고 믿었으니까요. 그 완벽주의가 팀원들에게도 전염되어, 서로 약점을 숨기는 문화를 만들었습니다. 신뢰 없는 안전감, 그 모순이 바로 여기서 왔습니다.

2. 신뢰는 복잡성을 줄이는 메커니즘이다

니클라스 루만: 시스템 신뢰 이론

이 사회학 이론이 팀의 신뢰를 이해하는 데 중요했던 이유는, 신뢰가 감정이 아니라 구조의 문제라는 것을 명확히 보여주었기 때문입니다.

니클라스 루만(Niklas Luhmann, 1927-1998)은 독일의 사회학자로, 사회 시스템 이론의 대가입니다. 그는 '신뢰(Trust and Power, 1968)'에서 현대 사회에서 신뢰가 작동하는 방식을 분석했습니다. 루만은 "신뢰는 복잡성을 줄이는 메커니즘"이라고 정의했습니다. 현대 사회는 너무 복잡해서 우리는 모든 것을 다 확인하고 검증할 수 없습니다. 그래서 신뢰가 필요한 것이죠. 신뢰는 불확실성 속에서도 행동할 수 있게 만드는 사회적 장치입니다.

하지만 루만은 중요한 구분을 합니다. '개인적 신뢰(Personal Trust)'와 '시스템 신뢰(System Trust)'입니다.

개인적 신뢰: 특정 개인에 대한 믿음
- "저 사람은 약속을 지킬 거야"
- "저 사람은 나를 배신하지 않을 거야"

시스템 신뢰: 구조와 절차에 대한 믿음
- "이 시스템은 공정하게 작동할 거야"
- "이 절차를 따르면 결과가 예측 가능할 거야"

우리 팀의 문제가 바로 여기에 있었습니다.

"저는 여러분을 믿습니다" 이것은 개인적 신뢰입니다. 하지만 팀원들이 필요로 한 것은 시스템 신뢰였습니다.

"정보가 투명하게 공유될 거야", "평가가 공정하게 이루어질 거야", "절차가 일관되게 적용될 거야"

루만은 말합니다. 현대 사회에서는 개인적 신뢰만으로는 부족하다고 말이죠. 시스템이 복잡해질수록, 시스템 신뢰가 더 중요해집니다.

팀도 마찬가지였습니다. 팀이 커지고 복잡해질수록, "리더를 믿는다"만으로는 충분하지 않았습니다. "시스템이 공정하다"는 확신이 필요했습니다.

루만은 또한 강조합니다. 시스템 신뢰는 투명성과 예측가능성에서 온다고 말이죠.

"왜 매일 진척 상황을 보고받으시는 건가요?"

이 질문의 핵심은 예측가능성의 부재였습니다. 언제, 왜, 어떤 정보를 요구받을지 예측할 수 없으니 불안했던 것이죠.

리더의 역할은 팀원들을 개인적으로 신뢰하는 것이 아닙니다. 팀원들이 시스템을 신뢰할 수 있도록 투명하고 예측가능한 구조를 만드는 것입니다.

3. '감정'의 신뢰에서 '시스템'의 신뢰로

이 문제를 고민하다가 한 가지 실험을 해봤습니다. '더 믿으려고 노력하는 것'보다, '믿을 필요가 없는 시스템'을 만들어보면 어떨까? "어떻게 되고 있어요?"라고 매번 확인하지 않아도 모든 정보가 투명하게 흐르는 구조를 만들어보기로 했죠.

두 신뢰의 차이점

제가 경험한 두 가지 신뢰 방식의 차이는 이랬습니다. 감정의 신뢰는 "팀장님을 믿어요"입니다. 하지만 시스템의 신뢰는 "이 프로세스를 믿어요"죠. 전자는 리더가 바뀌면 무너지지만, 후자는 리더가 바뀌어도 유지됩니다. 전자는 개인의 선의에 의존하지만, 후자는 구조의 공정성에 기반합니다. 저는 후자를 만들고 싶었습니다.

구분	감정의 신뢰 (기존방식)	시스템의 신뢰 (새로운 방식)
기본 전제	리더가 믿는다고 선언	필요한 정보는 언제든 투명하게 공개 정보 흐름
정보 흐름	리더에게 집중, 질문에 의해서만 공유	팀의 자산, 모두가 접근 권한과 책임
동료 심리	신뢰에 보답해야 한다는 부담	안심하고 자율적으로 기여

공정한 출발점이 만드는 신뢰

시스템의 신뢰를 고민하면서, 가장 먼저 떠오른 건 제가 매니저가 되고 처음 타겟을 배분할 때였습니다.

영업 매니저들은 보통 팀 전체 성과로 평가받으니까, 개인별 타겟 배분은 자기 나름의 기준으로 하기 마련이죠. 회사의 가이드를 준수하면서 누구는 작년 실적 기준으로, 누군가는 그냥 균등하게. 하지만 저는 이 시기가 1년 중 가장 중요하다고 생각했어요. 처음부터 불공정하다고 느끼면, 그 1년 내내 '나만 손해 본다'는 생각을 지울 수 없거든요.

2만 개가 넘는 어카운트를 15명에게 배분하는 작업. 노트북이 감당을 못해서 시뮬레이션 돌릴 때마다 꺼지고, 처음부터 다시. 그래도 멈출 수 없었어요. 제 기준은 명확했습니다. 과거 매출, 산업 성장률, 고객사 규모, 지역 특성을 모두 고려해 비슷한 난이도를 만드는 것. 완벽할 순 없었지만, 적어도 "리더가 누굴 더 좋아해서"라는 의심은 없어야 했습니다. 데이터에 기반한 배분이라면, 누구도 불공정하다고 느끼지 않을 테니까요.

한번은 팀을 중간에 맡게 됐는데, 아무리 열심히 해도 30% 타겟달성률밖에 안 되는 동료가 있었어요. 그 무기력한 표정을 잊을 수가 없습니다. 이미 잘못 할당된 타겟은 돌이키기 어렵더라고요. 돈이 전부는 아니지만, '공정하다'는 느낌은 동기부여의 시작이니까요.

다른 팀 매니저들은 가끔 물었습니다. "그렇게까지 해야 해요? 그냥 대충 나눠도 1년 지나면 비슷해지는데" 하지만 저는 알고 있었습니다. 출발선이 불공정하면, 1년 내내 그 불만이 쌓인다는 것을. 반대로 출발선이 공정하면, 결과가 안 좋아도 "내 탓"이라고 받아들인다는 것을요.

"제 어카운트가 특별히 좋거나 나쁘게 아니라는 걸 아니까, 오히려 제가 맡은 고객들에게 최선을 다해서 좋은 고객사례를 만들어보고 싶어요"

이게 바로 공정한 시스템이 만드는 신뢰의 시작이었습니다.

이렇게 공정하게 배분된 타겟과 어카운트는 우리 팀의 모든 정보가 투명하게 흐르는 첫 번째 기초가 되었습니다. 시작이 공정하니, 이후의 모든 과정도 자연스럽게 투명해질 수 있었죠.

흥미로운 건, 이렇게 공정하게 시작하니 팀원들이 서로를 경쟁자가 아닌 동료로 보기 시작했다는 점입니다. "저 사람이 좋은 어카운트 받아서 잘하는 거 아냐"라는 의심이 사라지니, "저 사람은 어떻게 저렇게 잘하지? 배워야겠다"는 존중이 생겼습니다. 공정한 출발선이 협력의 문화를 만든 겁니다. 이것이 시스템의 신뢰가 가진 힘이었습니다.

4. 정의로운 시스템으로서의 공정성

존 롤스: 정의론

이 정치철학 이론이 신뢰 시스템을 설계하는 데 중요했던 이유는, 공정성이 신뢰의 기반이라는 것을 명확히 보여주었기 때문입니다.

존 롤스(John Rawls, 1921-2002)는 미국의 정치철학자로, 20세기 가장 영향력 있는 정의 이론을 제시했습니다. 그는 '정의론(A Theory of Justice, 1971)'에서 '무지의 베일(Veil of Ignorance)'이라는 개념을 제시했습니다. 이는 자신이 어떤 위치에 있을지 모르는 상태에서 사회 구조를 설계한다면, 가장 공정한 시스템을 만들 수 있다는 것이죠. 타겟 배분이 바로 그 순간이었습니다.

제가 2만 개의 어카운트를 15명에게 배분할 때, 저는 '무지의 베일' 뒤에 있었습니다. 제가 어떤 어카운트를 받게 될지 몰랐으니까요(실제로는 제가 팀장이었지만, 공정성의 관점에서는 마찬가지였습니다).

그래서 저는 이렇게 생각했습니다. "만약 내가 이 팀의 막내라면, 어떤 배분이 공정하다고 느낄까?", "만약 내가 베테랑이라면, 어떤 배분이 공정하다고 느낄까?"

롤스는 말합니다. 공정한 시스템은 '절차적 정의(Procedural Justice)'에서 온다고 말이죠. 결과가 공정한 것도 중요하지만, 그 과정이 공정해야 합니다.

타겟 배분 과정을 투명하게 공개한 것도 이 때문이었습니다. 어떤 기준으로, 어떤 데이터를 바탕으로 배분했는지를 모두에게 보여줬습니다.

"제 어카운트가 특별히 좋거나 나쁘게 아니라는 걸 아니까, 오히려 제가 맡은 고객들에게 최선을 다해서 좋은 고객사례를 만들어 보고 싶어요"

이것이 바로 절차적 정의가 만든 신뢰였습니다. 결과가 완벽하지 않을 수도 있습니다. 하지만 과정이 공정했다는 것을 알기에, 팀원들은 그 결과를 받아들였습니다.

롤스는 또한 '차등 원칙(Difference Principle)'을 제시합니다. 불평등은 가장 불리한 위치에 있는 사람에게 이익이 될 때만 정당화된다는 것이죠.

우리 팀에서도 이 원칙을 적용했습니다. 어떤 팀원이 어려운 어카운트를 맡게 되면, 그에 대한 추가 지원을 제공했습니다. 공정성은 모두를 똑같이 대우하는 것이 아니라, 각자의 상황에 맞게 대우하는 것이니까요.

리더의 역할은 공정한 시스템을 설계하는 것입니다. 그리고 그 공정성이 신뢰의 기반이 됩니다.

5. 리더 역할의 진화:
허브 → 도로 → 설계자

기존: 정보의 허브(Hub)
- 모든 정보가 리더에게 집중
- 리더가 정보를 재분배하는 중심점
- "나한테 보고해" 문화

변화: 투명한 도로(Road)
- 정보가 막힘없이 흐르는 투명한 경로
- 누구나 필요한 정보에 직접 접근
- "언제든 와서 보세요" 문화

진화: 시스템 설계자(Architect)
- 도로가 잘 유지되도록 관리
- 투명성을 보장하는 구조 설계
- 신뢰 시스템의 지속적 개선

한라산 등반에서 배운 교훈

시스템의 신뢰를 고민하던 중, 팀 워크숍에서 했던 비유가 떠올랐습니다. "정상에 오르는 방법은 여러 가지예요. 정말 급하게 올라가야 할 때는 헬기를 타고 바로 올라갈 수도 있고, 빠른 길을 찾아 뛰어갈 수도 있습니다. 하지만 시간적으로 여유가 있을 때는 둘레길로 천천히 걸을 수도 있고, 힘들면 잠시 앉아서 쉬어갈 수도 있죠. 뒤로 가거나 엉뚱한 곳으로 가지만 않으면 됩니다. 중요한 건 각자의 속도를 인정하고, 필요하면 쉬어가고, 동료의 손을 잡을 줄 아는 것입니다"

신뢰도 마찬가지였습니다. 모두가 같은 속도로 갈 필요는 없어요. 다만 같은 방향을 향하고 있다는 확신이 있으면 됩니다. 그 방향을 함께 찾고, 서로를 기다려 주는 것. 그게 리더의 진짜 역할이란 생각이 들었어요.

이 워크숍에서 팀원들의 MBTI와 버킷리스트를 공유했습니다. 서로의 일하는 스타일과 중요하게 생각하는 가치를 이해하니, 뭔가 달라지더라고요.

실제로 이 워크숍에서 우리는 각자의 MBTI와 버킷리스트까지 나눴습니다. 누가 아침형 인간인지, 누가 즉흥적인지, 누가 꼼꼼한지. 그리고 각자가 진짜로 이루고 싶은 게 뭔지까지요.

놀라웠던 건, 이런 사소한 공유가 일하는 방식을 바꿨다는 거예요. "아, 쟤가 아침 미팅을 싫어하는 게 게을러서가 아니라 저녁형 인간이라서구나" 하는 이해가 생기니까요.

결국 시스템의 신뢰란 이런 거더라고요. 획일적인 규칙을 강요하는 게 아니라, 다양함을 인정하면서도 함께 갈 수 있는 길을 만드는 것.

6. 신뢰를 구축하는 세 가지 투명성 시스템

하나. 정보의 투명성: 실시간 공유 문서 시스템

새로운 조직에 가면 제가 가장 먼저 찾는 건 '협업을 효과적으로 할 수 있는 방법'입니다. 보고 체계, 승인 루트, 공유 폴더 구조 같은 게 너무 복잡하거나 제각각이면, 일보다 소통에 에너지를 더 쓰게 되더라고요.

무엇보다 정보가 비대칭적일 때 사람들은 상상하고 추측하게 됩니다. "왜 나한테는 안 알려줬지?", "뭔가 숨기는 게 있나?" 이런 의구심이 생기면 팀은 금세 흔들리죠.

그래서 저는 "취합하지 말고, 각자 업데이트만 하면 누구나 같은 정보를 볼 수 있게 하자"는 원칙을 세웠습니다.

이런 환경을 만들어주는 도구가 때론 Google Docs였고, Quip이었습니다. 한 문서 안에서 함께 작업하고, 실시간으로 피드백을 주고받을 수 있는 시스템이죠.

처음엔 저항도 있었어요. "팀장님은 불편한 Quip을 너무 좋아하시는 것 같아요"라는 핀잔도 들었죠. 하지만 저는 공유를 위한 가장 접근성 좋은 툴이 필요했어요. 정보의 흐름에서 신뢰가 생긴다는 걸요.

실시간 문서 시스템을 도입하고 나서 가장 먼저 바뀐 건, 질문과 답변의 방향이었습니다.
- 이전: "지난주에 맡은 일 어디까지 됐어요?"

    (저는 불편합니다. 팀원도 불편합니다.)
- 이후: (공유 문서를 보고) "어제 초안을 80% 완성하셨네요. 여기 3번 항목 부분에 제 생각을 코멘트로 달아놨어요"

작은 변화였지만, 팀원들의 반응은 달라졌습니다.
"진행 상황을 일일이 설명 안 해도 되니 편해요", "팀장님이 이미 파악하고 계시니까, 오히려 더 중요한 이야기를 할 수 있어요"

둘. 과정의 투명성: 예측 가능한 소통 루틴

신뢰는 '무슨 일이 생겼을 때'만 소통하는 게 아니라, '아무 일 없을 때도' 꾸준히 연결될 때 생기는 것 같아요.

과거의 1:1은 두려움의 시간이었습니다. "혹시 잘못한 게 있나?" 팀원들은 늘 불안해했죠.

정기적인 리듬을 만들어보니 완전히 다른 일이 벌어졌습니다.
- 예측 불가능한 미팅: "잠시 회의실로 와주세요"

    (동료는 '내가 뭘 잘못했나?' 불안해합니다)
- 예측 가능한 1:1: "우리 수요일 2시는 늘 하던 1:1 시간이죠" (동료는 편안하게 대화를 준비합니다)

매주 정해진 시간, 정해진 구조로 진행되는 1:1은 서로에게 '안전지대'가 되었습니다.

이 '예측 가능한 안전지대'가 만든 변화:
- 업무 이야기 50%, 개인 성장 이야기 30%, 일상 대화 20%의 자연스러운 균형
- "이런 말 해도 될까요?"가 아니라 "이런 생각이 들었어요"로 시작하는 대화
- 실수나 실패도 숨기지 않고 바로 공유하는 문화

한 동료는 이렇게 말했어요: "매주 1:1이 있으니까, 굳이 문제가 터질 때까지 참지 않아도 되더라고요. 작은 고민도 나눌 수 있는 정기적인 시간이 있다는 게 정말 큰 안정감이에요"

셋. 인정의 투명성: 데이터 기반 피드백 시스템

감정이 아닌 '정합성' 기준의 피드백

동료들이 가장 불안해하는 게 '평가의 공정성'이더라고요. "팀장님은 나보다 다른 사람을 더 예뻐하는 것 같아"이런 의심을 줄이려면 인정도 투명해야 했습니다. 감정이 아닌 데이터로 말해야 했죠.

'하이라이트'가 아닌 '기본'의 재정의

"뭔가 특별한 것을 해서 하이라이트를 받고 싶다"는 동료에게, 저는 솔직하게 말했습니다.

"제 경험상, 지금 이 자리에서 기본을 제대로 하는 것 자체가 최고의 기여더라고요. 화려한 퍼포먼스보다 동료들에게 민폐가 되지 않으면서 자신의 역할을 완벽하게 수행하는 게 더 어렵고 가치 있는 일이에요"

"대신, 그 '기본적인 기여'가 얼마나 중요한지 모두가 볼 수 있게 만들어볼게요. 데이터로, 숫자로, 명확하게요"

이렇게 활용된 우리 팀의 '오너십 모델' 문서는 자연스럽게 '기여 기록부'가 되었습니다. 모든 '기본적인 일'들이 얼마나 큰 가치를 만들어내는지 투명하게 기록되었죠.

월간 기여 하이라이트 예시

CRM 파이프라인 정리
- 위반 건수: 월 72건 → 46건 (36% 감소)
- 컴플라이언스: 97.6% 달성
- 영향: 전체 팀의 데이터 신뢰도 향상

고객 이슈 조기 대응
- 조기 탐지: 월 28건 → 130건
- 예방 효과: 잠재적 손실 방지
- 영향: 고객 만족도 개선

기여를 투명하게 기록하니, 동료들이 서로의 노력을 인정하기 시작했습니다. "특별한 무언가"를 하려는 압박도 줄어들었고요.

시스템이 만든 신뢰의 기적

1년이 지나고 나니 몇 가지 변화가 눈에 띄었습니다.

측정 가능한 변화들:
- 팀 평균 근속이 눈에 띄게 증가
- "보고"에서 "공유"로 대화 방식 변화
- 실수도 자연스럽게 공유하는 문화
- 서로의 기여를 인정하는 분위기

예상 밖의 변화들:
- "어차피 다 보이니까 숨길 이유가 없어요" 자발적 투명성
- 리더와 동료 사이뿐만 아니라, 동료들끼리도 서로를 더 신뢰
- "하이라이트를 만들어야 한다"는 압박에서 벗어나 더 깊이 있는 기여

"팀장님은 정말 저를 믿으신다고 하는데, 그럼 왜 매일 진척 상황을 보고받으시는 건가요?"

이제 저는 이 질문에 이렇게 답합니다. "맞아요. 저도 그게 모순이라는 걸 깨달았어요. 그래서 우리가 함께 누구든지 진척 상황을 물어보지 않아도 되는 시스템을 만들어봤어요. 필요한 정보는 언제든 서로가 확인할 수 있도록 합시다"

"믿는다"고 백 마디 말하는 것보다, "언제든 와서 보세요"라고 말할 수 있는 투명한 시스템을 만드는 게 저에겐 더 효과적이었습니다.

7. 아마존 LP: Earn Trust

"믿어달라"는 말 대신 투명한 구조를

아마존의 Earn Trust 원칙은 신뢰가 말이 아니라 시스템으로 증명된다는 것을 보여줍니다. 이 원칙은 "리더는 주의 깊게 듣고, 솔직하게 말하며, 다른 사람을 존중하여 대한다. 리더는 자신이 잘못했을 때 이를 목소리 내어 인정한다"고 정의됩니다.

투명성 시스템은 바로 이 원칙의 실현이었습니다. 아마존에는 이런 말이 있습니다. "Trust is earned, not given" 신뢰는 주어지는 게 아니라 얻는 것이라는 뜻이죠. 제프 베이조스는 한 인터뷰에서 말했습니다. "리더가 나를 믿어달라고 말하는 순간, 이미 신뢰를 잃은 것입니다. 신뢰는 매일의 행동과 투명한 시스템으로 쌓입니다"

아마존은 신뢰를 '감정'이 아닌 '행동'으로 정의합니다. 팀원이 리더를 좋아하는 것과 신뢰하는 것은 다릅니다. 좋아함은 감정이지만, 신뢰는 예측 가능성입니다. "이 리더는 약속을 지킨다", "이 시스템은 공정하다", "이 프로세스는 투명하다". 이런 일관된 경험이 신뢰를 만듭니다.

"주의 깊게 듣고, 솔직하게 말하며, 타인을 존중합니다"

실시간 공유 문서 시스템은 '주의 깊게 듣는' 구조였습니다. 팀원들의 진행 상황을 일일이 묻지 않아도, 그들의 작업을 볼 수 있었으니까요.

예측 가능한 1:1은 '솔직하게 말하는' 구조였습니다. 정기적이고 안전한 공간에서 솔직한 대화가 가능했으니까요.

데이터 기반 피드백은 '타인을 존중하는' 구조였습니다. 감정이 아니라 사실로 평가했으니까요.

"설령 어색하거나 난처하더라도 목소리를 냅니다"

공정한 타겟 배분이 바로 그것이었습니다. 쉬운 일은 아니었습니다. 노트북이 꺼지고, 밤을 새워야 했죠. 하지만 그것이 공정한 일이었기에, 저는 목소리를 냈습니다.

아마존의 모든 회의실 문 앞에는 리더십 원칙이 붙어 있습니다. Earn Trust는 그 중에서도 가장 자주 언급됩니다. 왜일까요? 다른 모든 원칙이 작동하려면 신뢰가 기반이 되어야 하기 때문입니다. Customer Obsession도, Bias for Action도, Invent and Simplify도 신뢰 없이는 불가능합니다. 그래서 아마존은 신뢰를 시스템으로 만듭니다. 감정에 의존하지 않고, 구조로 보장하는 거죠.

Chpater 8 마무리

> 신뢰는 말이 아니라 시스템이다.
> 투명성과 예측가능성이 신뢰의 기반이다.
> 리더는 정보의 허브가 아니라,
> 투명한 도로를 설계하는 사람이다.

투명한 시스템으로 신뢰는 단단해졌습니다. 하지만 또 예상치 못한 질문이 나왔어요.

"시스템은 다 좋은데... 왜 이렇게 서운하죠?"

아무리 완벽한 시스템도 사람의 마음을 다 담을 순 없었습니다. 다음 챕터에서는 시스템과 사람 사이의 간극을 메우는 과정을 이야기하겠습니다.

바로 실험하기: [T] Trust

Express 5분
신뢰 장애물 찾기

---

1. 지난 주를 돌아보면서 체크해 보실 수 있을까요?

    ☐ 팀원에게 한 '확인' 행동을 모두 작성해보세요

    ☐ 다음 중 어떤 유형의 확인이었는지 체크해 보세요.
    (진행상황 체크, 반복 질문, 이중 확인)

    ☐ 정말 필요했던 확인과 습관적인 확인을 구분해보세요

확인 행동	진행상황 체크	반복 질문	이중 확인	필요 확인	습관적 확인

혹시 습관적 확인이 더 많으신가요?

Standard 15분
정보 공유 실험 설계

이번 주 프로젝트 하나로 '완전 투명 실험'을 시도해보는 건 어떨까요?

1. 실험할 프로젝트와 기간 정하기

> 프로젝트 이름
>
> _____
>
> 실험기간
>
> _____

2. 공유한 정보 범위 결정

☐ 진행상황　　☐ 의사결정　　☐ 어려움/장애물

3. 공유 채널과 방법 선택

> 채널(실시간 문서 추천)
>
> _____
>
> 공유 방식 및 추가
>
> _____

4. 팀원들에게 제안할 메시지 작성

>
>
>
>
>

작은 시작이 큰 변화를 만들 수 있어요.

Deep 30분
'신뢰 시스템' 프로토타입

팀 전체의 신뢰 시스템을 함께 설계해 보시겠어요?
말로만 하는 신뢰가 아닌, 시스템으로 지속되는 신뢰를 만들어 봅시다.

1. 정보의 투명성

　모든 정보가 흐르는 채널 맵을 그려보세요

　우리팀의 정보 흐름도

2. 과정의 투명성

　주요 의사결정 프로세스를 문서화 하세요

3. 인정의 투명성

   기여를 가시화하는 대시보드를 설계해 보세요

업무	오너	주요 기여	코멘트

팀 미팅 제안을 위한 간단한 자료를 준비해보세요

여러분의 팀에서는 신뢰가 말로 작동하나요, 아니면 시스템으로 설계되어 있나요? 함께 답을 찾아가 봐요.

CHAPTER 09

- Human -

시스템은 완벽한데

왜 서운할까?

타자의 얼굴은 나에게 윤리적 요구를 한다

- 에마뉘엘 레비나스

Human: 시스템은 완벽한데 왜 서운할까?

완벽한 시스템은 갈등을 없애주지 않는다. 다만, 갈등을 성장의 기회로 만들 수 있는 안전한 장을 마련해 줄 뿐이다.

"지금 시스템 다 좋은데요... 그런데 왜 이렇게 서운하죠?"

Chapter 8까지 오며 우리 팀에는 '성과 나는 시스템'이 갖춰졌습니다. 목표는 명확했고, 역할은 체계적이었으며, 모두가 주인처럼 일했죠. 안정감과 신뢰 속에서 팀은 최고의 성과를 내고 있었어요.

그런데 한 팀원이 조심스럽게 던진 이 말이 제 안도감을 흔들어놓았습니다. 알고 보니 "내가 분명히 좋은 성과를 냈는데, 왜 슬랙에서 아무 말도 없지?" "공유 문서엔 기록되었지만, 눈 마주치며 '고마워요' 한 마디가 없었어"

이 장은 기여 구조의 마지막 조각, 시스템이 담을 수 없는 사람의 마음을 설계하는 이야기입니다. 리더의 마지막 역할은 시스템이 아니라 사람의 마음을 얻는 것이라는 것을 배워가는 과정입니다.

1. 연결되지 않은 기여: 시스템에 남고 마음엔 남지 않는 순간

Chapter 8까지 오며 우리 팀에는 '성과 나는 시스템'이 갖춰졌습니다. 목표는 명확했고, 역할은 체계적이었으며, 모두가 주인처럼 일했죠. 안정감과 신뢰 속에서 팀은 최고의 성과를 내고 있었어요.

Chapter 7에서 '성과도 나는데 왜 지쳐 보일까?'를 해결했고, Chapter 8에서 '믿는다고 말하면서 왜 매일 보고받나요?'까지 풀어냈지만, 여전히 무언가 2%가 부족했습니다.

저는 잠시 안도했습니다. '이제 다 된 것 같다' 그런데 어느 날, 한 팀원이 조심스럽게 말을 꺼냈어요.

"지금 시스템 다 좋은데요... 그런데 왜 이렇게 서운하죠?"

기여했는데도 '서운한' 이유

알고 보니, 팀원은 이런 생각을 하고 있었어요.

"내가 분명히 좋은 성과를 냈는데, 왜 슬랙에서 아무 말도 없지?" "공유 문서엔 기록되었지만, 눈 마주치며 '고마워요' 한 마디가 없었어" "내 노력, 시스템엔 남았지만 사람에겐 닿지 않았구나"

시스템은 '무엇을 했는가'를 기록하지만, 사람은 '어떻게 느꼈는가'를 기억합니다.

KPI가 담지 못하는 정성적 기여의 딜레마

시스템의 한계를 가장 절실하게 느꼈던 순간은 회사의 성과지표가 영업 건수, 매출 같은 정량적 지표만 평가할 때였어요. 실제로는 팀원들의 보이지 않는 노력들이 팀 전체의 성과를 만들고 있었거든요.

신입사원을 멘토링하는 시간, 팀 분위기를 위한 소소한 배려들, 고객 관계 개선을 위한 창의적 아이디어들, 동료의 어려운 프로젝트를 도와주는 일들. 이 모든 것들이 팀의 성과를 만들어내는 보이지 않는 힘이었죠.

실제로 가장 뿌듯했던 순간은 한 팀원이 이렇게 말했을 때였어요.

"저희가 만든 협업 프로세스를 제가 발표해도 될까요?"

그 팀원은 평소 조용한 편이었는데, 우리가 만든 협업 구조에 자부심을 느끼고 있었던 거예요. 그의 발표는 결국 아시아태평양 지역 전체 영업팀에 공유되는 베스트 프랙티스가 되었죠.

하지만 이런 자발적 기여와 그로 인한 팀 전체의 이미지 향상은 그 어떤 KPI에도 잡히지 않았습니다. 시스템은 '발표 1건'으로 기록했지만, 그가 느낀 자부심과 팀이 얻은 명성은 측정할 수 없었어요.

그 순간 알게 되었어요. 기여 구조의 마지막 퍼즐은, 시스템이 아니라 감정이다. 연결되어 있다는 감각이다.

2. 시스템 너머의 얼굴

엠마뉘엘 레비나스: 타자의 얼굴

이 철학적 개념이 팀의 Human 요소를 이해하는 데 중요했던 이유는, 시스템이 담을 수 없는 인간성의 본질을 명확히 보여주었기 때문입니다.

엠마뉘엘 레비나스는 리투아니아 출신 프랑스 철학자로, 나치 수용소에서 가족을 잃은 경험이 그의 철학에 깊은 영향을 주었습니다. 그는 '전체성과 무한'에서 "타자의 얼굴(The Face of the Other)" 개념을 제시하며, 얼굴이 물리적 외모가 아니라 타자의 취약성과 고유성 자체라고 말했습니다.

레비나스가 말하는 얼굴은 윤리적 요구를 합니다. "나를 인정해주세요", "나를 존중해주세요", "나를 책임져주세요"라고. 현대 조직은 사람을 '자원', '인력', '도구'로 대상화하지만, 레비나스는 경고합니다. 시스템이 아무리 효율적이어도, 사람의 '얼굴'을 보지 못하면 윤리를 잃는다고.

우리 팀의 시스템은 완벽했습니다. 목표, 역할, 오너십, 안정감, 신뢰. 모든 것이 갖춰져 있었죠.

하지만 레비나스의 관점에서 보면, 시스템은 팀원들을 '기능'으로만 바라보고 있었습니다. 데이터 분석 오너, 고객 소통 전문가, 실행력 있는 팀원. 그들은 시스템 안에서 역할을 수행하는 존재였을 뿐입니다.

"지금 시스템 다 좋은데요... 그런데 왜 이렇게 서운하죠?"

이 말의 핵심은 '타자의 얼굴'을 보지 못했다는 것입니다. 시스템은 그의 기여를 기록했지만, 그의 '얼굴'을 보지 못했습니다. 그가 느낀 뿌듯함, 그가 바랐던 인정, 그가 필요로 했던 연결.

레비나스는 강조합니다. 타자의 얼굴을 본다는 것은 그를 하나의 시스템 부품이 아니라, 고유한 존재로 인정하는 것이라고 말이죠.

"내가 분명히 좋은 성과를 냈는데, 왜 슬랙에서 아무 말도 없지?" 이것은 단순한 칭찬의 부재가 아니었습니다. 그것은 '얼굴'을 보지 못한 것에 대한 아픔이었습니다.

레비나스는 또한 말합니다. 타자의 얼굴을 보는 순간, 나는 그에 대한 책임을 지게 된다고 말이죠. 시스템을 만드는 것을 넘어, 사람을 돌보는 책임.

리더의 마지막 역할은 시스템을 완성하는 것이 아닙니다. 이것이 레비나스가 강조한 비대칭적 책임입니다. 리더는 팀원이 먼저 자신을 인정해주기를 기다리는 게 아니라, 먼저 팀원의 얼굴을 보고 책임져야 합니다. 팀원들의 얼굴을 보는 것입니다.

그들을 기능이 아니라 고유한 존재로 인정하는 것입니다.

3. 불편한 감정 앞에서, 리더가 꺼내야 할 말

며칠 후, 제가 놓치고 있던 더 큰 문제가 드러났습니다. 완벽해 보이던 시스템에 균열이 생긴 건 승진과 관련된 일이었어요.

침묵이 만든 오해

저는 승진 이야기를 꺼내기가 조심스러웠습니다. 기밀 사항도 있었고, 섣부른 약속은 더 큰 실망을 줄 수 있다고 생각했거든요. 그래서 구체적인 "승진을 위해 이것을 하자" 같은 대화는 피했습니다.

그런데 한 팀원은 달리 생각하고 있었나 봐요. 제가 본인의 승진에 관심이 없다고 느끼고 있었던 거죠. 특히 다른 팀원이 먼저 승진했을 때, 그 오해는 확신으로 바뀌었습니다.

가장 충격적이었던 건, 이런 생각을 저에게 직접 말하지 않고 다른 사람들에게 먼저 이야기했다는 거예요. 저는 한참 뒤에야 그 소문을 전해 들었습니다.

"팀장님은 제 승진에 관심이 없는 것 같아요" 이 말을 전해 들었을 때, 가슴 한구석이 무너지는 것 같았어요.

팀원을 위해 뒤에서 애쓰고 있었는데, 정작 그 마음은 전달되지 않았다는 생각에 쓸쓸했죠. 믿었던 사람이 나를 의심한다는 느낌은, 생각보다 더 아프더군요.

침묵의 역설

제 착각이 있었습니다. "침묵 속 진실은 시간이 흐르면 해결될 거야"

하지만 현실은 달랐어요. 침묵 속 진실은 왜곡되고, 오해가 진실인 양 자리를 차지하더군요.

1:1 시간, 그 팀원과 마주 앉았습니다.

저: "하고 싶거나 궁금한 거 있으면 나에게 직접 이야기해 주세요. 다른 소문으로 듣지 않게 해 달라고요" 팀원: "저는 팀장님을 믿고 있는데, 팀장님은 저를 챙겨주지 않는 것 같아요"

순간 할 말을 잃었습니다.

예전 같았으면 "왜 나한테 직접 말 안 하고 돌려서 말해요?"라고 따졌을 거예요. 하지만 이제는 알게 되었습니다. 문제의 핵심은 '리더의 언어'에 있다는 것을.

그때 깨달았습니다. 상처받은 마음으로는 문제를 해결할 수 없다는 것을. 감정이 아닌 구조로, 비난이 아닌 대화로 접근해야 한다는 것을. 그래서 저는 새로운 원칙을 세웠습니다.

4. 비폭력 대화의 구조

마셜 로젠버그: 비폭력 대화(NVC)

이 의사소통 방법론이 팀의 갈등을 해결하는 데 중요했던 이유는, 감정과 욕구를 건강하게 표현하는 구조를 제공했기 때문입니다.

미국의 심리학자인 로젠버그는 1960년대 인종 갈등이 심했던 시기에 이 방법론을 개발했습니다. 그는 분쟁 지역과 교도소에서 '비폭력 대화(Nonviolent Communication, NVC)'를 실천하며, 폭력적 언어가 어떻게 갈등을 증폭시키는지 목격했습니다. 그는 NVC를 통해 네 가지 단계의 대화 구조를 제시했습니다.

1. 관찰(Observation): 판단 없이 사실만 말하기
2. 감정(Feeling): 그 상황에서 느낀 감정 표현하기
3. 욕구(Need): 그 감정의 이면에 있는 욕구 인식하기
4. 요청(Request): 구체적이고 실행 가능한 요청하기

제가 승진 문제로 갈등을 겪었을 때, 저는 이 구조를 따르지 못했습니다.

"왜 나한테 직접 말 안 하고 남한테 먼저 말했어요?" (판단과 비난)
하지만 비폭력 대화의 구조를 적용하면 이렇게 됩니다:
1. 관찰: "다른 분을 통해 당신의 고민을 전해 들었습니다"
2. 감정: "소문으로 듣게 되니 제가 무엇을 도와드려야 할지

파악하기 어려웠어요"

3. 욕구: (저의 욕구는 '직접적인 소통과 신뢰'였습니다)
4. 요청: "어떻게 하면 더 편하게 대화할 수 있을까요?"

로젠버그는 강조합니다. 비폭력 대화의 핵심은 '욕구(Need)'를 인식하는 것이라고 말이죠. 그는 말했습니다. "모든 행동의 이면에는 충족되지 않은 욕구가 있다. 공격적 언어조차 도움을 요청하는 비극적 표현일 뿐이다"

"팀장님은 제 승진에 관심이 없는 것 같아요"

이 말의 이면에 있는 욕구는 무엇일까요? 그것은 '인정받고 싶은 욕구', '성장하고 싶은 욕구', '공정하게 대우받고 싶은 욕구'였습니다.

만약 제가 그 욕구를 먼저 이해했다면, 대화는 달라졌을 것입니다.

"당신의 성장과 승진을 중요하게 생각합니다. 다만 섣부른 약속으로 실망을 드리고 싶지 않아서 조심스러웠어요. 함께 구체적인 계획을 세워보는 건 어떨까요?"

로젠버그는 또한 말합니다. 비폭력 대화는 기술이 아니라 의식이라고 말이죠. 상대방을 판단하고 비난하는 의식에서, 상대방의 욕구를 이해하고 존중하는 의식으로의 전환.

리더의 역할은 팀원들을 판단하는 것이 아닙니다. 그들의 욕구를 이해하고, 그 욕구가 건강하게 표현될 수 있는 구조를 만드는 것입니다.

5. 사실 기반 피드백의 세 단계

저는 세 단계로 대화하는 원칙을 세웠습니다.

하나. 관찰한 사실을 먼저 말하기
- "왜 나한테 직접 말 안 하고 남한테 먼저 말했어요?" (X)
- "다른 분을 통해 당신의 고민을 전해 들었습니다" (O)

둘. 나에게 미친 영향을 솔직하게 전달하기
- "팀 분위기를 해치는 행동이에요" (X)
- "소문으로 듣게 되니 제가 정확히 무엇을 도와드려야 할지 파악하기 어려웠어요" (O)

셋. 함께 성장할 수 있는 질문 던지기
- "다음부터는 나한테 먼저 말해요" (X)
- "어떻게 하면 더 편하게 대화할 수 있을까요?" (O)

"다들"이 아닌 "나는"으로 말하기

그런데 더 흥미로운 발견이 있었어요. 팀원들이 의견을 낼 때 "다들 그렇게 생각해요"라는 표현을 자주 쓰더군요. 확인해보면 '다들'이라는 건 본인을 포함해 한두 명 정도였고, 자기 이야기를 모두의 이야기인 것처럼 확대하고 있었죠.

그래서 1:1 때는 이렇게 요청했습니다.

"모든 주어를 '나는'이라는 표현으로 써주세요. 본인의 생각과 감정에 대해 책임감 있게 이야기해주시면, 제가 더 정확히 이해하고 도울 수 있어요"

비폭력대화에서는 이를 '나 전달법'이라고 부릅니다. "당신은 나를 무시해요" 대신 "나는 무시받는다고 느꼈어요"라고 말하는 거죠. 작은 차이 같지만, 대화의 질이 완전히 달라집니다.

실제로 적용해본 결과

승진 관련 오해를 겪었던 그 팀원과도 이런 방식으로 대화했어요.

"인사와 관련된 것은 나도 확신할 수 없기 때문에 매 순간 최선을 다할 뿐이에요. 그렇게 믿어주면 좋겠어요"

동의하는 듯했지만, 며칠 후 그 팀원은 본인이 승진해야 할 이유를 20페이지 이상 작성해서 제게 보냈습니다. 저는 그것이 반항이라 느꼈지만, 한편으로는 '정말 많이 속상해하는구나'라고 이해하려 했어요.

본격적인 승진 준비를 하면서야 관계가 회복되었지만, 더 일찍 투명하게 기대치를 설정했다면 이런 오해는 없었을 거예요.

조직심리학에서는 이를 '투명성의 역설'이라고 부르더군요. 과도한 투명성도, 과도한 비밀도 모두 문제가 된다는 거죠. 기밀 사항과 투명한 소통, 이것의 균형이 제게는 여전히 숙제입니다.

사실 기반 피드백은 생각보다 어려워요. 지금도 여전히 감정이 앞서서 실수할 때가 있습니다.

6. 연결은 설계될 수 있다: 감정도 구조가 필요하다

시스템이 놓치는 인간적 요소를 어떻게 보완할 수 있을까요? 저는 네 가지 방법을 실험했습니다.

사람 이름으로 시작하는 회의

오해와 갈등을 겪은 후, 저는 모든 팀 회의의 첫 문장을 이렇게 바꿨습니다.

"이번 주에 팀에 특별히 기여한 분 먼저 한 분씩 이야기해볼까요?" 시스템은 무엇을 보지만, 사람은 누가를 먼저 봅니다.

이름이 먼저 불리는 순간, 처음엔 어색했습니다. "저요? 별로 한 게 없는데."라는 반응도 있었죠. 하지만 몇 주 지속하니 달라졌습니다. 팀원들이 서로의 기여를 주의 깊게 보기 시작했고, 회의 시작 전부터 "이번 주는 OO님 이야기를 꼭 해야지"라고 준비하더군요. 팀원은 자신이 팀에 '존재'한다고 느껴요. 단순해 보이는 이 변화가 회의 분위기를 완전히 바꿔놓았습니다.

기여의 사적인 순간 만들기

한 팀원이 고객 이슈를 늦은 밤까지 해결했을 때, 저는 다음날 아침 출근하자마자 그의 자리로 직접 가서 이렇게 말했어요.

"어제 정말 고생 많으셨어요. 덕분에 고객이 만족해서 연락이 왔어요. 개인적으로 정말 감사했습니다"

정서적 피드백은 기록되지 않지만, 기억에는 오래 남습니다.

공개적인 칭찬도 좋지만, 때로는 이런 개인적인 인정의 순간이 더 큰 울림을 줍니다. 심리학에서는 이를 '사적인 인정'이라고 부르는데, 진정성이 더 잘 전달된다고 하더군요.

디지털 공간에서도 따뜻함 유지하기

신기하게도 팀 분위기가 좋아지면서 슬랙 창에도 변화가 생겼어요. 예전엔 공지사항만 올라왔다면, 이제는 업무에 대한 의견 요청과 피드백이 활발해졌죠.

"이 부분 어떻게 접근하면 좋을까요?" "방금 올려주신 제안서 정말 잘 봤어요. 특히 3번 항목이 인상적이네요!" "오늘 고객 미팅 성공적으로 마치신 것 축하드려요!"

가끔 대화에 잘 끼지 못하는 팀원이 보이면, 저는 이렇게 끌어들였어요.

"똑똑, OO님의 의견은 어떠세요? 이전에 비슷한 경험이 있으셨던 것 같은데"

디지털 공간에서도 사람의 이름을 부르는 것, 그것이 연결의 시작이었습니다.

업무에 대한 건전한 토론, 서로의 성과를 축하하는 문화, 그리고 경조사나 생일 같은 따뜻한 관심. 이것이 우리 팀 슬랙의 모습이었죠. 한 가지 원칙이 있었습니다. 슬랙에서도 "누군가 해주세요"가 아니라 "@OO님, 도움 부탁드려도 될까요?"처럼 이름을 부르는 것. 작은 차이지만, 이름이 불리는 순간 '나는 필요한 사람'이라는 느낌을 받게 됩니다.

그 팀원이 회의 끝나고 슬쩍 웃으며 말했어요. "요즘은 내가 팀 안에 있다는 느낌이 들어요"

그 한 마디가 제겐 어떤 성과보다 더 뿌듯했습니다.

시간이 지나면서 놀라운 변화가 나타났습니다.

변화의 신호들

갈등이 생겼을 때 팀의 반응이 달라지기 시작했어요.
- 예전: "또 문제가 생겼네"
    - → 이제: "우리가 더 나아질 기회가 생겼네"
- 예전: 며칠씩 어색하게 지냄
    - → 이제: 당일 또는 다음날 바로 대화
- 예전: 리더가 중재
    - → 이제: 당사자들끼리 먼저 대화 시도

어느 날 한 팀원이 이렇게 말했어요. "예전엔 갈등이 생기면 숨기려고 했는데, 이제는 오히려 빨리 꺼내서 같이 해결하려고 해요. 어차피 우리가 함께 성장하는 거니까요"

Human 요소가 만든 시너지

가장 놀라웠던 건 이 변화가 시스템의 힘만이 아니었다는 점입니다. GROWTH의 다섯 가지 요소(Goal, Role, Ownership, Well-being,

Trust)가 아무리 완벽해도, Human이 없으면 차가운 기계로 느껴졌을 겁니다. 하지만 Human 요소가 더해지니, 시스템이 살아 숨쉬기 시작했습니다. GROWTH의 여섯 번째 요소인 Human이 더해지자, 이전 다섯 가지 요소들이 더욱 강력하게 작동하기 시작했습니다.

Goal과 Human이 만나니 목표가 단순한 숫자가 아닌, 각자의 성장 스토리와 연결되었고, Role과 Human이 만나니 역할이 업무 분담이 아닌, 개인의 강점 발현 기회로 인식되었죠.

Ownership과 Human이 만나자 주인의식이 책임감을 넘어, 자부심과 애착으로 발전했고, Well-being과 Human이 만나니 안정감이 실패 허용을 넘어, 적극적 도전으로 확장되었습니다.

그리고 Trust와 Human이 만나자, 신뢰가 시스템을 넘어, 진정한 동료애로 승화되었어요.

성과를 넘어 성장으로, 그리고 기억으로

어느덧 우리 팀의 GROWTH 시스템은 단순히 성과를 내는 도구가 아니라, 사람을 성장시키는 플랫폼이 되어 있었습니다.

특히 잊을 수 없는 순간이 있어요. 처음엔 서비스 용어조차 낯설어했던 그 영업 팀원이, 이제는 고객의 니즈를 정확히 파악하고 기술 전문가 팀과 협의하여 최적의 제안을 설계하는 수준까지 성장했거든요. 그가 말했어요.

"제가 받았던 도움을 이제 다른 사람에게 돌려주고 싶어요. 그게 우리 팀의 문화잖아요"

시스템은 효율을 만들고, 사람은 의미를 만듭니다. 그리고 그

의미가 모여 문화가 되고, 그 문화가 다시 더 나은 성과를 만들어냅니다.

우리 팀은 이제 '기여하지 않는 사람'이라는 꼬리표를 붙이지 않습니다. 대신 이렇게 말하죠. "우리 모두가 서로의 성장을 돕는 기여자들이다"

그런데 솔직히 고백하자면, 저도 가끔은 예전의 습관이 튀어나올 때가 있어요. 급한 프로젝트가 생기면 "일단 이것부터 해주세요"라고 지시하고, 나중에야 "아, 맞다. 왜 이게 중요한지 설명을 안 했네"라고 깨닫죠. 이해했다고 생각하지만, 순간 실천하는 건 여전히 어렵습니다.

완벽한 시스템도, 완벽한 리더도 없어요. 다만 우리가 할 수 있는 건, 매일 조금씩 더 나은 방향으로 노력하는 것뿐이죠.

한 팀원이 이렇게 위로해줬습니다. "팀장님, 완벽하지 않아도 괜찮아요. 팀장님이 계속 시도하는 모습 자체가 저희에게 영향을 줘요. 저희도 실수하면서 배우잖아요"

그때 소문으로 전해 듣던 팀이, 이제는 서로 직접 대화하려고 노력하는 팀이 되었습니다. 여전히 완벽하지는 않지만, 적어도 우리는 '시도하고 있다'는 것. 그것만으로도 충분한 변화라고 믿습니다.

7. 아마존 LP: Have Backbone; Disagree and Commit

용기 있게 반대하고, 결정되면 전념하라

아마존의 리더십 원칙 중 Have Backbone; Disagree and Commit은 "리더는 동의하지 않을 때 존중하면서도 이의를 제기할 의무가 있습니다. 리더는 사회적 결속을 위해 타협하지 않습니다. 일단 결정이 내려지면, 전념합니다"라고 정의됩니다.

Human 요소는 바로 이 원칙의 실현이었습니다.

많은 팀에서 갈등을 회피합니다. "팀 분위기를 해칠까봐", "관계가 나빠질까봐". 하지만 진짜 Human 요소는 갈등을 회피하는 것이 아닙니다.

Have Backbone의 핵심은 "존중하면서도 이의를 제기할 의무"에 있습니다.

승진 문제로 갈등을 겪었던 팀원. 그는 용기 있게 자신의 의견을 냈습니다. 비록 소문으로 먼저 돌았지만, 결국 저에게 직접 말했죠. "저는 팀장님을 믿고 있는데, 팀장님은 저를 챙겨주지 않는 것 같아요"

이것이 Have Backbone입니다. 불편하더라도, 자신의 생각을 말하는 것.

그리고 저도 Have Backbone을 발휘했습니다. "다른 분을 통해 당신의 고민을 전해 들었습니다. 소문으로 듣게 되니 제가 정확히 무엇을 도와드려야 할지 파악하기 어려웠어요"

불편한 피드백이었지만, 필요한 피드백이었습니다.

Disagree and Commit의 핵심은 "일단 결정이 내려지면, 전념합니다"에 있습니다.

우리는 긴 대화를 통해 서로를 이해했습니다. 그리고 결정했습니다. "함께 구체적인 승진 계획을 세워보자" 그 후, 그 팀원은 전념했습니다. 더 이상 소문을 내지 않았고, 직접 대화했습니다. Human 요소는 갈등을 없애는 것이 아닙니다.

제프 베이조스는 말했습니다. "Disagree and Commit은 시간을 절약합니다. 끝없는 합의를 기다리지 않고, 빠르게 결정하고 실행하게 만듭니다" 갈등을 건강하게 표현하고, 해결하며, 그 과정에서 함께 성장하는 것입니다. 리더의 역할은 팀이 갈등 없이 조화롭기를 바라는 것이 아닙니다. 팀원들이 용기 있게 반대하고, 결정되면 전념할 수 있는 환경을 만드는 것입니다.

그리고 그 환경의 기반은 신뢰입니다. "내가 반대해도 관계가 깨지지 않는다", "리더가 내 의견을 진지하게 듣는다"는 신뢰. 그 신뢰가 있을 때 비로소 Have Backbone이 가능합니다.

Chpater 9 마무리

> 시스템은 무엇을 기록하지만, 사람은 누가를 기억한다.
> 완벽한 시스템도 사람의 마음을 담을 수는 없다.
> 갈등을 회피하지 않고 건강하게 표현할 때,
> 팀은 진정으로 성장한다.

GROWTH의 여섯 요소가 모두 갖춰졌습니다. 팀은 놀라운 성과를 내며 성장했죠. 그런데 정말 이 구조가 위기 상황에서도 작동할까요?

곧 그 답을 확인하게 되었습니다.

"팀장님, 저 이러다 정말 암 걸릴 것 같아요!"

다음 챕터에서는 최악의 위기가 어떻게 최고의 기회가 되었는지 보여드리겠습니다.

바로 실험하기: [H] Human

Express 5분
나의 피드백 언어 체크하기

1. 최근 팀원에게 했던 피드백 한 가지를 떠올려보세요. 그 말은 '사실'을 전달했나요, 아니면 당신의 '평가'를 전달했나요?

   최근 전달한 피드백을 작성해 주세요 _____

   _____

   당신의 피드백은 어떤 유형인가요?
   - ☐ 사실 – 구체적인 행동과 상황을 객관적으로 묘사
     (예시: 회의에서 당신이 제안한 두 가지 아이디어가 팀에게 새로운 관점을 제공했습니다.)
   - ☐ 평가 – 행동에 대한 나의 주관적인 판단이나 해석
     (예시: 회의에서 당신은 항상 다른 사람의 의견을 무시하는 것 같아요)

Standard 15분
감정의 언어를 사실의 언어로 바꾸기

당신이 팀원에게 가장 해주고 싶은 피드백을 '감정의 언어'로 적어보고, '사실-영향-질문' 3단계로 다시 작성해보세요.

1. 내가 감정적으로 표현했던/하고 싶은 피드백을 작성하세요

   [   ]

'사실-영향-질문' 3단계로 재구성해보세요

사실 (관찰된 구체적 행동)

영향 (그 행동이 미친 영향)

질문 (해결책 모색)

예시) 감정의 언어: 왜 나한테 직접 말 안해요?
사실의 언어: 다른 분을 통해 당신의 고민을 전해 들었습니다.(사실) 소문으로 듣게 되니 정확히 무엇을 도와드려야 할지 파악하기 어려웠어요.(영향) 어떻게 하면 더 편하게 대화할 수 있을까요?"(질문)

Deep 30분
성장 대화 실험

이번 주 1:1 미팅 하나를 '미래 대화'로 진행해보세요. 그리고 그 비전과 현재 팀 목표를 연결하는 지점을 함께 찾아보세요.

이름		날짜	
질문		팀원대화 내용	
5년 후 어떤 전문가가 되고 싶은가요?			
목표를 위해 현재 업무가 어떤 도움이 될 수 있을까?			
이번 프로젝트가 그 꿈에 어떤 디딤돌이 될 수 있나?			
대화 후 인사이트 기록			
팀원의 비전과 현재 팀 목표 연결지점 찾기			
팀원이 가장 열정적으로 이야기한 주제			
새롭게 발견한 팀원의 강점			

대화 중에는 평가하지 말고 경청하세요

CHAPTER 10

"암 걸릴 것 같다고요!"

최악의 위기를 최고의 기회로

성공은 최종적인 것이 아니며, 실패는 치명적인 것이 아니다.
중요한 것은 계속하려는 용기이다.

– 윈스턴 처칠 (Winston Churchill)

"암 걸릴 것 같다고요!"
최악의 위기를 최고의 기회로

구조는 위기에서 진짜 시험받는다. 평온한 바다를 덮친 폭풍 속에서, G.R.O.W.T.H. 구조의 진정한 힘이 증명된 순간

"팀장님... 저 이러다 정말 암 걸릴 것 같아요"

유진님이 거의 울먹이며 제게 긴급 1:1 미팅을 요청했을 때, 저는 당황스러웠습니다. 우리가 만든 G.R.O.W.T.H. 구조가 잘 작동하고 있다고 생각했는데, 사각지대가 있었던 거예요.

평온한 항해를 하던 우리 팀에 갑자기 폭풍이 몰아쳤습니다. 고객사 계정 해킹으로 수백만 원의 악성 과금이 발생했고, 담당자인 유진님은 매일같이 고객의 감정적 공격에 시달리고 있었습니다. 혼자서.

리더십 구조의 진정한 가치는 평온할 때가 아니라, 모두가 흔들릴 때 드러납니다. 좋은 구조는 '개인의 고통'을 '팀의 역량'으로 전환시킵니다.

이 장은 우리가 만든 GROWTH 구조가 최악의 위기 속에서 어떻게 시험받았는지, 그리고 그 과정에서 무엇을 배웠는지에 대한 솔직한 기록입니다. 성공보다는 시행착오가, 완벽함보다는 배움이 더 많았던 시간 말이죠,

1. 평온한 바다에 불어닥친 폭풍

GROWTH 구조가 자리를 잡으면서, 우리 팀은 그동안 경험해 보지 못한 안정적인 항해를 하고 있었어요. 팀원들은 각자의 역할에 몰입했고, 성과는 꾸준히 상승했죠. 저는 이 평온함에 안도하며, '드디어 우리가 괜찮은 시스템을 만들었구나' 생각했습니다.

그런데 어느 화요일 오후, 평소와 다름없던 하루가 갑자기 뒤바뀌었어요.

유진님이 거의 울먹이며 저에게 긴급 1:1 미팅을 요청했습니다.

"팀장님... 저 이러다 정말 암 걸릴 것 같아요. 고객이 매일같이 전화해서 소리를 지르는데, 제가 뭘 어떻게 해야 할지 모르겠어요. 너무 무서워요"

악성 과금 이슈의 등장

사건의 전말은 이랬습니다. 유진님이 담당하던 한 고객사의 클라우드 서비스 계정이 해킹당해서, 하룻밤 사이에 수백만 원의 요금이 부과된 거예요. 고객은 격분했고, 담당자인 유진님에게 모든 책임을 돌리며 감정적인 공격을 쏟아내고 있었습니다.

소위 '악성 과금' 이슈였어요.

유진님은 이 문제를 혼자서 끙끙 앓고 있었습니다. 다른 동료들에게 말해봤자 뚜렷한 해결책이 없었고, 자신의 고객 문제로 팀 전체에 부담을 주는 것 같아 죄책감을 느끼고 있었어요.

그리고 회의 도중 터진 그 질문,

"팀장님, 이런 경우엔... 저희가 뭘 어떻게 해야 하죠?"

저는 순간 대답할 수 없었어요. 머릿속이 하얘졌습니다. 우리가 만들어 놓은 GROWTH 구조는 평소엔 잘 작동했지만, 이런 위기 상황 매뉴얼은 없었거든요.

시스템이 보여준 단단함과 빈틈

회의가 끝나고, 저는 조용히 우리 팀의 모든 슬랙 채널과 공유 문서를 다시 들여다봤어요. 그리고 놀라운 사실을 발견했습니다.

슬랙에는 각자의 상황 공유가 정확하게 올라와 있었고, 공유 문서엔 주간 진행 상황과 고객 피드백이 정리되어 있었으며, 관련 이슈들이 Role별로 체계적으로 정리되어 있었어요.

즉, 구조 자체는 이미 위기를 감지하고 있었다는 뜻이었어요. 단지, 우리가 그것을 '위기'로 해석하고 대응하는 방법을 몰랐을 뿐이었습니다.

하지만 빈틈도 명확했어요. 아무도 고객 불만을 어떻게 처리할지, 감정적 회복 구조가 없었고, 팀 내 신속 대응 프로세스도 없었거든요.

시스템은 있었지만, 위기 때 꺼내 쓸 수 있는 '행동 시나리오'가 없었던 거죠.

2. 안티프래질: 위기로 더 강해지는 시스템

나심 니콜라스 탈레브: 스트레스를 성장의 재료로

나심 니콜라스 탈레브는 '안티프래질'에서 세 가지 유형의 시스템을 제시했습니다. 레바논 출신 수학자이자 전 트레이더인 탈레브는 2008년 금융위기를 예측한 것으로 유명합니다. 그는 대부분의 시스템이 위기에 취약하게 설계되어 있다고 비판하며, 위기를 이용해 더 강해지는 '안티프래질' 개념을 제시했습니다.

프래질(Fragile): 위기에 약해지는 시스템 - 유리잔
로버스트(Robust): 위기에 견디는 시스템 - 플라스틱
안티프래질(Antifragile): 위기로 더 강해지는 시스템 - 면역 체계

탈레브는 말합니다. "유리잔은 떨어뜨리면 깨지고, 플라스틱은 견디지만, 면역 체계는 바이러스를 만날수록 더 강해집니다. 대부분의 조직은 유리잔이나 플라스틱을 목표로 하지만, 진짜 목표는 면역 체계여야 합니다"

유진님의 위기 앞에서, 우리 팀은 어떤 시스템이었을까요?
만약 우리가 프래질 시스템이었다면, 이 위기로 팀은 무너졌을 것입니다. 유진님은 홀로 고통받다 소진되었을 것이고, 다른 팀원들도

"나도 언젠가 저렇게 될 수 있구나"라는 불안에 떨었을 것입니다.

만약 우리가 로버스트 시스템이었다면, 이 위기를 견뎌냈을 것입니다. 리더가 나서서 문제를 해결하고, 팀은 다시 평온을 되찾았을 것입니다. 하지만 팀은 성장하지 못했을 것입니다.

하지만 우리는 안티프래질 시스템을 만들고 싶었습니다. 이 위기로 더 강해지는 팀을 말이죠.

탈레브는 말합니다. 안티프래질 시스템의 핵심은 '스트레스 인자(Stressor)'를 성장의 재료로 바꾸는 것이라고 말이죠.

악성 과금 이슈는 우리에게 스트레스 인자였습니다. 하지만 이것을 어떻게 다루느냐에 따라, 팀을 무너뜨리는 독이 될 수도, 팀을 강하게 만드는 백신이 될 수도 있었습니다.

탈레브는 또한 강조합니다. 안티프래질 시스템을 만들려면, 작은 위기를 자주 경험해야 한다고 말이죠. 큰 충격 하나보다, 작은 충격 여러 개가 시스템을 더 강하게 만듭니다.

리더의 역할은 팀을 위기로부터 보호하는 것이 아닙니다. 팀이 위기를 통해 더 강해질 수 있는 구조를 만드는 것입니다.

탈레브는 경고합니다. "과잉 보호는 프래질을 만듭니다" 팀원을 모든 위기에서 보호하려는 리더는, 결국 위기에 약한 팀을 만듭니다. 진짜 리더십은 적절한 스트레스 속에서 팀이 성장하도록 돕는 것입니다.

3. '개인의 고통'을
'팀의 문제'로 재정의하기

과거의 저였다면, 유진님을 위로하고 어떻게든 그 '한 건'의 문제를 해결해주려고 애썼을 거예요. 사실 처음엔 그러려고 했습니다. "제가 고객사에 직접 연락해서 해결해드릴게요"라고 말하려던 순간, 문득 떠올랐어요.

'잠깐, 이렇게 하면 또 나만 해결사가 되는 거 아닌가? GROWTH 구조를 이런 상황에도 적용해볼 수 있지 않을까?'

저는 유진님에게 이렇게 말했습니다.

"유진님, 이건 유진님 혼자만의 문제가 아닌 것 같아요. 우리 팀 전체의 문제입니다. 이 문제를 책상 위로 꺼내서, 시스템으로 해결해 봅시다"

숨겨진 빙산의 전체 모습

저는 긴급 팀 미팅을 소집했어요. 그리고 팀원 전체에게 물었습니다. 미팅을 시작하며 저는 먼저 말했습니다. "오늘 이 자리는 누구를 비난하거나 평가하는 자리가 아닙니다. 우리가 놓치고 있던 문제를 함께 발견하는 자리입니다" 심리적 안전감이 먼저였습니다.

"솔직하게 이야기해봅시다. 이런 '악성 과금' 이슈를 겪어본 적 있는 사람, 손들어 보세요"

놀랍게도, 거의 절반의 팀원이 손을 들었어요. 잠시 침묵이 흘렀습니다. 팀원들은 서로를 바라보며 놀라워했습니다. "나만 그런 줄 알았는데.", "저 사람도 겪었구나." 그 순간 알았습니다. 고통을 숨기는 것이 팀의 문화였다는 것을.

각자 쉬쉬하며 혼자 앓고 있었을 뿐, 이것은 이미 우리 팀 전체에 만연한 '보이지 않는 재앙'이었던 거죠.

준우님: "저도 한 달 전에 비슷한 일이 있었는데, 혼자 해결하려다 거의 일주일을 헤맸어요"

민영님: "저는 그런 상황이 오면 어떻게 해야 할지 몰라서 항상 불안했어요"

저는 물었습니다. "왜 아무도 이야기하지 않았을까요?" 한 팀원이 조심스럽게 말했습니다. "제가 무능해 보일까봐요. 다른 사람들은 잘 처리하는 것 같은데 저만 못하는 것 같아서"

우리가 만든 게 성과 중심 문화가 아니라 '실패 숨기기' 문화였다는 것을 새삼 느꼈습니다.

'개인의 고통'은 이제 '팀이 해결해야 할 구조적 문제'로 재정의되었습니다. 유진님이 말했습니다. "제가 말을 꺼내지 않았으면, 다들 계속 혼자 고생했겠네요. 제 고통이 팀을 바꾼 거네요" 그 말이 맞았습니다. 한 사람의 용기가 팀 전체를 구한 것입니다.

이제 저는 개별 문제를 해결하는 지휘자가 아니라, 팀이 스스로 문제를 해결하도록 돕는 음악 감독으로 진화해야 합니다. 유진님의 고통이 팀 전체의 성장으로 전환되는 순간을 목격하며 확신했습니다. 구조가 만든 자유. 그것이 지휘자에서 음악 감독으로의 전환입니다.

4. GROWTH 구조를 위기 상황에 적용하다

우리는 즉시 이 문제를 해결하기 위한 태스크포스를 구성했어요. 그리고 기존 GROWTH 구조를 위기 대응 버전으로 업그레이드 하기로 했습니다. 솔직히 처음엔 막막했어요. '이게 정말 될까?' 하는 의구심도 있었고요.

Goal: 위기 상황의 'Grounded North' 재정의

"우리는 '악성 과금 이슈'로 고통받는 고객과 팀원을 보호하고, 이를 48시간 내에 해결하는 예측 가능한 시스템을 구축한다"

48시간이라는 숫자는 사실 근거 있게 나온 게 아니었어요. 그냥 '빠르게'보다는 구체적인 목표가 필요할 것 같아서 정한 숫자였죠. 나중에 실제로는 케이스마다 24시간에서 72시간까지 다양했지만, 일단 목표를 명확히 하자 팀원들의 관점이 바뀌기 시작했어요. '누구 탓'이 아니라 '어떻게 도울 것인가'로 초점이 바뀐 거죠.

Role & Ownership: 48시간 위기 대응 체제

우리는 '팀 역량 지도'를 다시 펼쳤어요. 그리고 이 문제를 가장 많은 케이스를 보유하고 있었고 행동력이 뛰어난 준우님에게 '악성 과금 이슈' 오너 역할을 부여했습니다.

처음 준우님은 부담스러워했어요. "제가 이걸 다 맡아도 될까요?" 하지만 다른 팀원들이 "우리가 도울게요. 준우님이 중심만 잡아주세요"라고 지지해줬죠.

오너의 역할:

- 모든 악성 과금 이슈의 중앙 처리 장치가 되기
- 표준 해결 절차(SOP) 만들기
- 관련 부서와의 협업 주도하기

다른 팀원의 역할:

- 이슈 시 혼자 해결하려 하지 않고, 즉시 오너에게 정보 전달
- 각자의 전문성으로 오너 지원하기

Well-being & Trust: 감정적 회복 구조

가장 중요한 건 팀원들이 이런 위기 상황에서도 심리적으로 안전하다고 느끼는 것이었어요.

"여러분, 앞으로 이런 문제가 터져도 우리는 혼자가 아니에요. 우리 팀에는 이 문제를 해결해 줄 전문가와 시스템이 있어요"

그리고 48시간 감정 회복 루틴도 만들었어요:

- 이슈 발생 즉시: 오너에게 상황 전달 후 심호흡 타임
- 24시간 후: 팀 전체 상황 공유 및 진행상황 업데이트
- 48시간 후: 해결 과정 회고 및 팀원 감정 체크

5. 타자의 얼굴:
숫자 뒤에 숨은 감정을 보다

에마뉘엘 레비나스: 타자의 얼굴에 대한 윤리적 응답

위기 상황에서는 스트레스로 인해 팀원 간 갈등이 생기기 쉬워요. 우리는 Chapter 9에서 배운 '사실 기반 피드백'을 위기 대응에도 적용했습니다.

"감정이 아닌 사실로 이야기하고, 해결책을 함께 찾아가기"

하지만 에마뉘엘 레비나스는 우리에게 더 중요한 것을 일깨워 줍니다. 그가 말한 '타자의 얼굴에 대한 윤리적 응답'이 바로 이런 것이었어요.

레비나스는 "타자의 얼굴은 우리에게 윤리적 책임을 요구한다"고 말했습니다. 시스템이 아무리 완벽해도, 그 안에 있는 사람의 감정까지 자동으로 돌볼 수는 없거든요.

숫자로 표현되지 않는 팀원의 서운함, 불안, 두려움 같은 감정들은 리더가 직접 귀 기울여야 합니다. 블레즈 파스칼이 '팡세'에서 말했듯, "마음은 이성이 알지 못하는 이유들을 가지고 있다"는 것을 기억해야 해요.

데이터와 시스템으로는 포착되지 않는 '마음의 이유'가 있고, 리더는 바로 그 영역에 주의를 기울여야 합니다.

그래서 우리는 위기 대응 시스템에 '감정 체크인'을 필수 프로세스로 넣었어요.

감정 체크인 질문들:
- "지금 가장 걱정되는 부분이 뭐예요?"
- "어떤 지원이 필요하세요?"
- "이 상황에서 가장 답답한 점은 무엇인가요?"

이 질문들은 단순해 보이지만, 팀원들에게 '내 감정이 존중받고 있다'는 신호를 보냈어요.

도스토옙스키가 '지하로부터의 수기'에서 경고한 것처럼, 미해결된 감정은 독이 되어 침전됩니다. 우리는 그 감정의 독이 쌓이기 전에 투명하게 소통함으로써 해소하려고 했어요. 물론 매번 완벽하게 되진 않았지만요.

악성 과금 이슈가 발생했을 때, 팀원들은 "왜 이렇게 됐어요?"라는 비난 대신, "현재 상황은 무엇이고, 다음 단계는 무엇인가요?"라고 물으려 노력했습니다. 하지만 동시에 "지금 어떤 기분이세요?"라는 질문도 잊지 않으려 했죠.

이것이 바로 레비나스가 말한 '타자의 얼굴에 대한 윤리적 응답'이었습니다. 시스템으로 문제를 해결하되, 사람의 감정을 놓치지 않는 것 말이죠.

6. 위기가 기회로 변하는 과정

새로운 GROWTH-C(Crisis) 시스템이 도입된 후, 변화가 일어나기 시작했어요. 물론 하루아침에 극적으로 바뀐 건 아니었습니다.

첫 번째 실전 테스트

시스템 도입 2주 후, 또 다른 악성 과금 이슈가 발생했습니다. 이번에는 조금 다른 반응이었어요.

민영님: "준우님, 악성 과금 이슈 발생했어요. 고객사 정보와 상황을 슬랙에 정리해서 올렸습니다"

준우님: "확인했어요. 표준 절차에 따라 처리하겠습니다. 민영님은 고객 소통 부탁드려요"

유진님: "제가 기술적 분석 도와드릴게요"

48시간 만에 문제가 해결되었어요. 솔직히 모든 케이스가 이렇게 매끄럽게 해결된 건 아니에요. 어떤 고객은 여전히 감정적이었고, 때로는 우리도 실수했죠. 준우님이 한번은 중요한 정보를 빠뜨려서 다시 처음부터 해야 했던 적도 있었고요.

하지만 적어도 이제는 '혼자 고민하다 병에 걸릴 것 같은' 팀원은 없어졌습니다.

조금씩 나타난 변화들

팀의 변화 : 팀원들은 점차 악성 과금 이슈를 두려워하지 않게 되었어요. 여전히 스트레스는 받지만, 혼자가 아니라는 걸 알았으니까요. 가끔 "또 케이스 하나 추가네"라며 농담도 할 수 있게 되었습니다.

고객의 변화 : 고객들은 감정적으로 지친 담당자가 아니라, 문제 해결 프로세스에 대해 차분히 설명하는 담당자와 소통하게 되었어요. 물론 여전히 화내는 고객도 있었지만, 전보다는 빨리 진정되는 경우가 많아졌습니다.

조직의 변화 : 우리 팀은 '위기 대응'에 대한 경험이 쌓이면서, 다른 팀에서 가끔 자문을 구하기도 했습니다. 이는 새로운 역량이자 기회가 되었습니다.

유진님의 변화 : 가장 큰 변화는 유진님이었어요. 어느 날 그가 제게 이런 말을 했습니다. "팀장님, 그때 그 일이 있어서… 솔직히 처음엔 정말 힘들었지만, 지금 생각해보면 우리 팀이 이렇게 단단해질 수 있었던 계기였던 것 같아요. 이제는 어떤 어려움이 와도 혼자가 아니라는 걸 알잖아요" 처음 그 절박한 외침을 들었을 때가 엊그제 같은데, 이제는 이렇게 말하는 유진님을 보니 뿌듯했습니다.

구조를 믿는 연습

이 경험을 통해 알게 된 것은, 잘 설계된 GROWTH 구조가 어떻게 예측 불가능한 위기를 시스템적 배움으로 전환하는지였어요.

평온한 시기에는 그저 '괜찮은 시스템'처럼 보였던 구조가, 폭풍우 속에서는 팀원들을 지키는 '방패'가 되어준 것이죠. 완벽한 방패는 아니었지만요.

만약 제가 유진님의 고통을 1:1로만 해결하려 했다면? 저는 유능한 해결사처럼 보였을지 몰라도, 팀은 성장하지 못했을 거예요.

리더의 역할은 영웅이 되는 것이 아니라, 팀원 모두가 함께 문제를 해결할 수 있는 시스템을 만드는 것이라는 걸 다시 한번 배우게 되었습니다.

물론 저도 가끔은 예전 습관이 나와서 "제가 해결해드릴게요"라고 먼저 나서려다가, '아차' 하고 멈춥니다. 구조를 믿는 것, 팀을 믿는 것은 여전히 연습이 필요한 일이에요.

하지만 이제는 알아요. 위기가 왔을 때 제가 할 일은 문제를 직접 해결하는 것이 아니라, 팀이 그 문제를 해결할 수 있는 구조를 작동시키는 것이라는 걸 말이죠. 그리고 그 과정에서 실수해도 괜찮다는 것도요.

7. 절망에서 믿음으로

쇠렌 키르케고르: 절망을 넘어선 믿음

키르케고르는 '죽음에 이르는 병'에서 '절망'을 깊이 있게 다뤘습니다. 그는 절망을 단순한 부정적 감정이 아니라, 새로운 존재 방식으로의 전환점으로 봤죠.

유진님의 "암 걸릴 것 같아요"라는 절규는 바로 그 절망의 순간이었습니다. 혼자서는 도저히 해결할 수 없는 상황 앞에서, 그는 완전히 무력했습니다.

하지만 키르케고르가 말한 것처럼, 진정한 성장은 이 절망을 인정하고, 그것을 넘어서는 '신앙으로의 도약(leap of faith)'에서 시작됩니다.

유진님은 혼자 해결할 수 없다는 것을 인정했습니다. 그리고 팀에게 도움을 요청했습니다. 이것이 바로 키르케고르가 말한 '도약'이었어요.

팀원들도 마찬가지였습니다. 처음엔 "이 시스템이 정말 작동할까?"라는 회의가 있었지만, 일단 시도해보기로 했습니다. 구조를 믿고, 서로를 믿는 '신앙'의 도약이었죠.

그리고 그 도약은... 완전한 성공은 아니었지만, 적어도 이전보다는 나은 결과를 가져왔습니다.

키르케고르는 말합니다. "신앙은 불가능을 가능으로 만드는 것이 아니라, 불가능 앞에서도 전진하는 용기다"

우리 팀이 보여준 것이 바로 그것이었습니다. 해결책이 보이지 않는 위기 앞에서도, 함께라면 해낼 수 있다는 믿음으로 전진한 것 말이죠.

요한 볼프강 폰 괴테: 영원한 배움

요한 볼프강 폰 괴테가 '파우스트'에서 말했듯, "실패와 죄책감을 성장의 재료로 삼는 것"이 진정한 성숙이죠.

유진님은 처음에 자신을 탓했습니다. "제가 더 잘했어야 했는데", "제가 미리 막았어야 했는데"라며 죄책감에 시달렸어요.

하지만 우리는 그 실패를 개인의 잘못이 아니라, 시스템의 부재로 재정의했습니다. 그리고 그 실패를 통해 조금 더 나은 시스템을 만들었죠.

괴테의 '파우스트'에서 주인공 파우스트는 끊임없이 실수하고 후회합니다. 하지만 그는 결코 멈추지 않고, 그 실패를 통해 배우고 성장합니다. 마지막에 천사들이 파우스트를 구원하는 이유도 바로 이것입니다.

"끊임없이 노력하는 자, 우리는 그를 구원할 수 있노라"

우리 팀도 마찬가지였습니다. 악성 과금 이슈라는 실패를 통해, 우리는 조금 더 나은 팀이 되었습니다. 그 절망적인 한마디로 시작된 시련은 결국 우리 팀을 조금 더 단단하게 만들었습니다.

실패는 끝이 아니라 시작이었습니다. 배움의 재료였고, 조금 더 나은 구조를 만드는 밑거름이었습니다.

8. 아마존 LP: Deliver Results

이 경험을 통해 아마존의 Deliver Results(결과를 달성하라) 원칙이 새롭게 다가왔어요.

아마존의 Deliver Results 원칙은 "리더는 비즈니스의 핵심 요소에 집중하며, 적시에 올바른 품질로 결과를 제공한다. 장애물에도 불구하고 결코 타협하지 않는다"고 정의됩니다.

위기 상황에서 가장 중요한 것은 무엇일까요? 바로 '결과'였습니다. 고객의 문제를 해결하고, 팀원의 고통을 덜어주는 것.

처음에는 "이 문제를 팀 전체에 공개하면 부담을 줄 것 같다"는 의견도 있었습니다. 감정적으로 배려하는 것처럼 보이지만, 사실은 문제 해결을 미루는 것이었죠.

하지만 저는 신념을 가지고 말했어요.

"투명하게 공유하는 것이 맞다고 생각합니다. 우리는 이 문제를 시스템으로 해결해봅시다"

Deliver Results는 단순히 숫자를 달성하는 것이 아닙니다. 진짜 중요한 결과에 집중하는 것입니다. 유진님의 위기 상황에서 진짜 결과는:

- 48시간 내 문제 해결 (고객 만족)
- 팀원의 감정적 회복 (웰빙)
- 재발 방지 시스템 구축 (장기적 안정)

우리는 이 세 가지 결과를 모두 달성하기 위해 GROWTH 구조를 위기 대응 버전으로 업그레이드했습니다. 쉽지 않았고, 완벽하지도 않았지만, 적어도 "결과를 내기 위해 무엇을 해야 하는지"는 명확했습니다.

그리고 그 결과는 조금씩 나타나기 시작했습니다. 다음 악성 과금 이슈는 48시간 안에 해결되었고, 팀원들은 더 이상 혼자 고통받지 않았습니다.

Deliver Results는 "장애물에도 불구하고 결코 타협하지 않는다"고 말합니다. 우리에게 장애물은 "이전에 없던 시스템을 만들어야 한다"는 것이었습니다. 하지만 우리는 타협하지 않고, 그 시스템을 만들었습니다. 완벽하지는 않지만, 작동하는 시스템을요.

위기는 결과로 증명됩니다. 아무리 좋은 의도와 구조라도, 실제로 문제를 해결하지 못하면 의미가 없습니다. 우리는 48시간이라는 구체적인 목표를 세웠고, 그것을 달성하기 위한 구조를 만들었으며, 실제로 결과를 냈습니다.

그 결과가 완벽하지는 않았지만, 적어도 유진님은 더 이상 "암 걸릴 것 같다"고 말하지 않았습니다. 그것이 우리가 달성한 가장 중요한 결과였습니다.

Chpater 10 마무리

> 리더십 구조의 진정한 가치는 평온할 때가 아니라,
> 모두가 흔들릴 때 드러난다.
> 좋은 구조는 '개인의 고통'을 '팀의 배움'으로 전환시킨다.
> 위기를 통해 조금씩 강해지는 시스템이 진짜 구조다.

내부 위기는 팀을 조금 더 단단하게 만들었습니다. 하지만 우리가 통제할 수 없는 외부와의 협업은 어떨까요?

"아무리 우리가 잘해도, 다른 팀이 안 도와주면 소용없어요"

이제 팀의 경계를 넘어야 할 때였습니다.

우리 내부의 GROWTH 구조는 어느 정도 작동했지만, 다른 팀과의 협업에서는 여전히 벽이 느껴졌어요. 요청을 해도 답이 없고, 일정은 계속 밀리고, 우선순위는 맞지 않았죠.

과연 우리의 구조가 조직 전체로 확장될 수 있을까요? 아니면 팀 내부에서만 작동하는 작은 섬에 불과한 걸까요?

다음 챕터에서는 이 경계를 넘어서는 여정을 나누겠습니다.

바로 실험하기: 위기를 최고의 기회로

Express 5분
위기 순간 체크하기

1. 팀의 핵심 프로젝트가 갑자기 중단 위기에 처했을 때, 당신은 어떻게 반응하나요?

   최근 전달한 피드백을 작성해 주세요 _____

   _____

   "누구탓"을 먼저 찾나요?　　　　　"어떻게 해결"을 먼저 고민하나요?

   이 문제를 왜 미리 발견하지 못했죠?　　지금 할 수 있는 일부터 확인해 볼까요?
   누가 이 부분을 담당했죠?　　　　　대안이 있을까요? 함께 생각해봅시다
   왜 더 빨리 보고하지 않았나요?　　필요한 자원을 어떻게 확보할 수 있을까요?

   나의 평소 반응을 돌아보고, 짧게 적어보세요

   _____

Standard 15분
숨겨진 팀 이슈 발견하기

1. 팀원들에게 "혼자 끙끙 앓고 있는 업무상 어려움이 있나요?"라고 물어보세요.

2. 개별적 고통이 팀 차원의 구조적 문제일 수 있습니다. 공통적으로 발견되는 이슈를 정리해보세요

Deep 15분
GROWTH-C 위기 대응 실험

작은 위기 상황에 대해 48시간 태스크포스를 구성해보실까요?

단계	가이드	계획
Goal	48시간 내 해결이라는 명확한 목표 설정	
Role	위기 상황 전담 오너 지정	
Ownership	권한과 자원 명확히 부여	
Well-being	감정 회복 시간 포함	
Trust	투명한 진행상황 공유	
Human	사실 기반 소통으로 갈등 예방	

핵심포인트: 이 과정을 통해 '개인의 고통'을 '팀의 역량'으로 전환하는 경험을 해보세요.

CHAPTER 11

협업의 단절을 흐름으로

예측 가능한 연결 설계

당신이 모든 것을 혼자 할 수 있다고 생각하는 순간,
당신은 리더가 되는 것을 멈춘 것이다.

– 인드라 누이 (Indra Nooyi)

협업의 단절을 흐름으로: 예측 가능한 연결 설계

팀 내부는 단단해졌지만, 팀 외부와의 협업에서 만난 새로운 벽들과 그것을 허무는 실험들. "내가 아무리 열심히 일해도, 다른 부서가 협조하지 않으면 소용이 없어요"

준우님의 이 한마디가 우리 앞에 놓인 새로운 벽을 드러냈습니다. Chapter 10을 통해 팀 내부의 위기 대응 시스템은 훨씬 견고해졌습니다. 악성 과금 이슈 같은 문제들도 이제는 48시간 안에 해결되고 있었죠.

하지만 팀 내부가 아무리 잘 돌아가도, 다른 팀과의 협업이 막히면 성과는 한계에 부딪힙니다.

부산 지역 고객 개발 프로젝트. 우리에게는 명확한 목표가 있었고, 역할도 확실했으며, 준우님이 오너십을 갖고 열심히 추진하고 있었습니다. 하지만 마케팅팀은 "우리 계획에 없어요", 파트너팀은 "서울 위주로만 구성되어 있는데.", 기술지원팀은 "부산까지 출장을?"이라며 각자의 이유로 협조하기 어렵다는 반응이었습니다.

이 장은 팀 내부의 완벽한 구조가 어떻게 팀 외부로 확장되었는지, 그 과정에서 만난 벽들과 시행착오, 그리고 조금씩 배워간 협업의 기술에 대한 기록입니다.

지금부터 그 경계를 넘어서는 여정을 시작하겠습니다.

1. 내부는 잘 돌아가는데, 외부에서 막히는 답답함

Chapter 10을 통해 팀 내부의 위기 대응 시스템은 훨씬 견고해졌습니다. 악성 과금 이슈 같은 문제들도 이제는 48시간 안에 해결되고 있었죠.

그런데 얼마 지나지 않아, 예상치 못한 새로운 벽에 부딪혔습니다.

부산이라는 새로운 도전

당시 우리 팀은 한국 시장 확대의 일환으로 부산 지역 고객 개발 프로젝트를 맡고 있었습니다. 지역 기업들의 클라우드 전환을 돕는 중요한 미션이었죠.

팀 내부적으로는 모든 게 잘 돌아가고 있었습니다. 목표는 명확했고(Goal), 각자의 역할도 확실했으며(Role), 준우님이 부산 지역 전문가로 오너십을 갖고(Ownership) 열심히 추진하고 있었거든요.

그런데 문제는 다른 곳에 있었습니다.

한 팀원이 답답함을 토로했어요. "내가 아무리 열심히 일해도, 다른 부서가 협조하지 않으면 소용이 없어요." 아무리 우리 팀이 완벽하게 준비해도, 혼자서는 할 수 없는 일이었습니다. 고객 발굴에는 마케팅이 필요했고, 지역 네트워크에는 파트너가 필요했으며,

기술 구현에는 기술지원팀이 필요했습니다. 우리는 섬이 아니었습니다.

우리가 부딪힌 벽들:

마케팅팀: "부산 지역 마케팅은 우리 올해 계획에 없어요. 내년에 검토해보죠"

파트너팀: "부산 파트너사들? 우리 파트너사는 현재 서울 위주로만 구성되어 있는데."

기술지원팀: "부산까지 출장 가서 기술 지원?"

각 팀마다 나름의 이유와 우선순위가 있었습니다. 하지만 우리 입장에서는 아무리 내부에서 준비해도 외부 협력 없이는 한 발짝도 나아갈 수 없는 답답한 상황이었죠.

준우님이 한숨을 쉬며 이렇게 말했습니다:

"팀장님, 우리 팀 내부는 이제 정말 잘 돌아가는데, 왜 다른 팀과 일할 때는 이렇게 힘들까요? 마치 다른 회사 사람들과 일하는 것 같아요" 그 말을 듣는 순간 깨달았습니다. 우리가 그동안 만든 GROWTH 시스템은 팀 내부를 위한 것이었습니다. 하지만 실제 일은 팀 안에서만 완결되지 않습니다. 다른 팀과의 협업 없이는 아무것도 이룰 수 없죠. 우리에게 필요한 건 팀을 넘어선 협업의 구조였습니다.

2. 각자의 언어 게임

루트비히 비트겐슈타인: 언어 게임

루트비히 비트겐슈타인*은 '철학적 탐구'에서 '언어 게임 (Language Game)'이라는 개념을 제시했습니다. 같은 언어를 쓰더라도, 각자가 속한 맥락과 규칙에 따라 단어의 의미가 달라진다는 거죠.

"협업이 안 된다"는 문제를 바라보며, 저는 비트겐슈타인의 이 통찰을 떠올렸습니다.

우리 팀이 "부산 프로젝트"라고 말할 때의 의미와, 마케팅팀이 "부산 프로젝트"를 이해하는 의미가 달랐던 거예요.

우리에게 "부산 프로젝트"는:
- 새로운 지역 시장 개척
- 팀의 역량 확장
- 구체적인 고객 확보

마케팅팀에게 "부산 프로젝트"는:
- 과거의 실패 경험
- 예산과 리소스 부담
- 불확실한 ROI

같은 단어, 완전히 다른 게임

비트겐슈타인은 말합니다. "철학의 문제들은 언어가 일상적인 용법을 벗어났을 때 발생한다" 협업의 문제도 마찬가지였습니다. 각 팀이 서로 다른 '언어 게임'을 하고 있다는 것을 인식하지 못했던 거죠.

그렇다면 해결책은? 상대방의 언어 게임을 이해하고, 그들의 규칙 안에서 소통하는 것입니다.

*루트비히 비트겐슈타인(Ludwig Wittgenstein, 1889-1951)

오스트리아 출신 철학자입니다. 초기 저작 '논리철학논고'에서는 "언어는 세계를 그림처럼 정확히 표상한다"는 '그림 이론'을 주장했습니다. 언어와 세계 사이에 명확한 대응관계가 있다고 믿었던 것입니다. 하지만 후기 '철학적 탐구'에서는 정반대 입장으로 전환합니다. "언어의 의미는 사용 맥락에서 결정된다"는 '언어 게임' 이론을 제시했습니다. 같은 단어도 누가, 언제, 어떤 상황에서 쓰느냐에 따라 의미가 달라진다는 것입니다.

이처럼 자신의 핵심 사상을 근본적으로 뒤집은 철학자는 역사상 드뭅니다. "비트겐슈타인은 두 번 철학했다"는 말이 생긴 이유입니다. 리더에게 필요한 건 확신이 아니라, 확신을 바꿀 수 있는 용기입니다.

3. 협업을 시스템화하자: 예측 가능한 연결 구조 설계

이 문제를 단순한 소통 부재가 아니라, 협업 구조의 부재로 보기 시작했습니다. "우리는 내부 시스템은 잘 만들었지만, 외부 협업은 여전히 '운'에 맡기고 있구나"

실험 1: Win-Win 스토리텔링 - 공동 목표 찾기

저는 각 팀의 리더에게 가벼운 커피챗을 신청했습니다. 그리고 단 하나의 질문을 던졌죠.
"요즘 팀에서 가장 중요하게 생각하는 목표가 뭔가요?"
마케팅팀: "브랜드 인지도 확산이에요. 근데 지방은... 사실 몇 년 전에 부산에서 큰 행사했다가 후속 조치가 안 돼서 실패한 경험이 있어요. 아직도 타이밍은 아닌 것 같아요"
순간 막막했습니다. 하지만 그 이유가 궁금했습니다.
저: "그때 왜 후속 조치가 안 됐을까요?"
마케팅팀: "영업팀이 현지 팔로업을 못했어요. 행사에만 돈 쓰고 끝났죠"
저: "그렇다면 이번에는 다를 수 있을 것 같은데요. 그때는 담당 영업팀이 없었지만, 지금은 저희 팀이 마케팅이 만든 기회를 놓치지 않고 영업으로 잘 연결하겠다고 약속드리면 어떨까요?"

긴 침묵 후, 마케팅 리더가 말했습니다. "그럼 구체적으로 어떻게 후속 조치를 하실 건지 계획을 먼저 보여주세요"

파트너팀과의 대화도 비슷했습니다. 그들의 고민은 '파트너 다양성 확보'였는데, 모든 파트너가 서울에만 몰려있다는 거였죠. 부산의 로컬 강자들과 연결되면 그들의 비즈니스에도 도움이 된다는 걸 이해하고 함께 지원하기로 했어요.

이렇게 하나씩 연결점을 찾아가니, 각 팀이 우리 프로젝트에 조금씩 관심을 보이기 시작했습니다.

실험 2: '헬퍼 오너십' - 연결 주체 명확화

외부 팀과 자주 연결되는 업무에는 내부 담당자(헬퍼 오너)를 지정했습니다.

마케팅팀 연결: 문영님
- 부산 지역 브랜드 마케팅 전략 협의
- 성공 사례 스토리텔링 공동 기획

파트너팀 연결: 준우님
- 부산 지역 파트너사 발굴 및 관리
- 로컬 비즈니스 네트워크 연결

기술지원팀 연결: 유진님
- 원격 기술지원 체계 구축 논의
- 필요시 현지 기술 워크숍 기획

이로써 팀원들은 "누구에게, 어떻게 요청해야 하는지"를 예측할 수 있게 됐습니다.

실험 3: '5W1H 가이드' - 협업 요청 명확화

요청이 늦어지거나 오해가 생기는 가장 큰 이유는, 요청 내용이 모호하거나 불완전했기 때문이었습니다.

처음엔 그냥 "부산 마케팅 좀 도와주세요"라고 부탁했다가 번번이 거절당했죠. 그러다 어느 날 문영님이 성공적으로 마케팅팀의 협조를 이끌어낸 메일을 보고 알게 됐습니다.

"아, 우리가 성공했을 때는 항상 이런 정보들을 명확히 전달했구나"

나중에 정리해보니 우리가 자연스럽게 사용하던 방식이 5W1H 구조였어요. 그래서 템플릿을 만들었습니다.

요청 예시:

- What: 부산 지역 마케팅 지원
- Why: 지역 확장 전략의 일환, 브랜드 인지도 제고
- When: 3월 말 기본 전략, 4월 중 실행
- Who: 마케팅팀 김대리, 우리팀 문영님
- Where: 부산 및 경남 지역

딱딱한 템플릿을 강요한 건 아니었지만, 자연스럽게 이런 요소들을 포함해서 소통하게 되었죠. 협업 속도는 조금 빨라졌고, 불필요한 커뮤니케이션은 줄었습니다.

4. 의사소통의 조건

위르겐 하버마스: 의사소통 행위 이론

위르겐 하버마스는 '의사소통 행위 이론'에서 진정한 의사소통이 이루어지기 위한 조건을 제시했습니다.

이해 가능성(Verständlichkeit): 말하는 내용이 명확해야 한다 진실성(Wahrheit): 말하는 내용이 사실이어야 한다 진정성(Wahrhaftigkeit): 말하는 사람이 진심이어야 한다 정당성(Richtigkeit): 말하는 맥락이 적절해야 한다

우리의 협업이 막혔던 이유를 하버마스의 틀로 분석해보니 명확해졌습니다.

"부산 마케팅 좀 도와주세요"라는 요청은:
- 이해 가능성: 부족 (구체적으로 무엇을 원하는지 불명확)
- 진실성: 있음 (정말 필요한 것은 맞음)
- 진정성: 의심받음 (과거 실패 경험으로 인한 불신)
- 정당성: 부족 (상대방의 맥락과 우선순위 고려 안 함)

반면 문영님의 성공적인 요청은:
- 이해 가능성: 명확 (5W1H로 구체화)
- 진실성: 입증 (데이터와 계획 제시)
- 진정성: 확보 (과거 실패를 인정하고 해결책 제시)
- 정당성: 적절 (상대방의 목표와 연결)

하버마스는 이 네 가지 조건이 충족될 때, 비로소 '의사소통적 합리성'이 작동한다고 말했습니다. 우리는 이 조건들을 협업 시스템에 녹여내려 했습니다.

* 위르겐 하버마스(Jürgen Habermas, 1929~)

독일의 사회철학자이자 프랑크푸르트학파 2세대 대표 사상가입니다. '의사소통 행위 이론'에서 "진정한 소통은 권력이나 조작이 아닌, 상호 이해를 목표로 할 때 가능하다"고 주장했습니다. 그는 조직 내 위계가 아닌 '더 나은 논증'이 승리하는 이상적 담화 상황을 제시했습니다. 90세가 넘은 지금도 민주주의와 공론장에 대해 발언하는 '살아있는 철학자'입니다. 리더십은 명령이 아니라 설득이라는, 그의 통찰은 여전히 유효합니다.

5. 협업에도 '기여적 안정감'이 필요하다

여전히 망설이는 팀원이 있었습니다.

"혹시 잘못 요청해서 미움받을까 봐 무섭다", "다른 부서에 부탁하는 건 너무 부담스럽다"

이 말이 인상 깊었습니다. "외부 팀에도 내 실력이 평가받는 것 같아서, 불안해요" 그때 생각했어요. 기여적 안정감은 팀 내부뿐 아니라, '조직의 경계'에서도 작동해야 한다는 걸.

협업에 대한 심리적 안전망 만들기

팀원들이 외부 협업을 두려워하는 이유를 들어보니:
- "거절당하면 창피해요"
- "우리 팀 실력을 무시할까봐 불안해요"
- "잘못 요청해서 관계가 나빠질까봐."

그래서 이런 불안을 줄이고 안심하고 외부 협업을 시도할 수 있도록 몇 가지 장치를 만들었습니다.
- 함께 검토하기: 협업 요청서를 팀 내 공유 문서로 함께 검토하고 피드백, 보완

- 실패도 학습: 거절당해도 괜찮아, 이유를 알면 다음엔 더 잘할 수 있어
- 성공사례 공유: 누군가 협업에 성공하면 그 과정을 팀과 나누기

가장 중요한 건 "외부 협업도 우리 팀의 중요한 기여"라는 인식이었습니다.

하버드 경영대학원 에이미 에드먼슨 교수는 "심리적 안전감은 팀 내부에서만 작동하지 않는다"고 말합니다. 조직 경계를 넘나드는 협업에서 더 중요하죠. 그녀의 연구에 따르면, 팀 간 협업이 실패하는 가장 큰 이유는 '능력 부족'이 아니라 '거절과 평가에 대한 두려움'입니다.

그래서 이런 불안을 줄이고 안심하고 외부 협업을 시도할 수 있도록 몇 가지 장치를 만들었습니다. 협업 요청서를 팀 내 공유 문서로 만들어 함께 검토하고 피드백을 주고받았습니다. 거절당해도 괜찮다고, 이유를 알면 다음엔 더 잘할 수 있다고 격려했죠. 누군가 협업에 성공하면 그 과정을 팀과 나눴습니다.

리더가 "실패해도 괜찮다"고 백 번 말하는 것보다, 실제로 실패한 협업 요청을 함께 분석하고 다음을 준비하는 한 번이 더 강력합니다. 안전감은 말이 아니라 행동으로 만들어집니다.

가장 중요한 건 "외부 협업도 우리 팀의 중요한 기여"라는 인식이었습니다.

6. 협업도 도구다
존 듀이: 도구주의

존 듀이는 실용주의 철학자로, "사고는 문제 해결을 위한 도구"라고 말했습니다. 그의 도구주의(Instrumentalism)는 모든 개념과 이론을 '도구'로 봅니다.

협업도 마찬가지였습니다. 협업은 그 자체가 목적이 아니라, 더 큰 목표를 달성하기 위한 '도구'였습니다.

듀이는 강조합니다. 도구가 효과적이려면:
1. 명확한 목적이 있어야 한다
2. 사용법이 구체적이어야 한다
3. 결과를 평가할 수 있어야 한다

우리의 협업 시스템도 이 원칙을 따랐습니다.

명확한 목적: 부산 프로젝트 성공 (신규 고객 6개사 확보)
구체적 사용법: Win-Win 스토리텔링, 헬퍼 오너십, 5W1H 가이드 결과 평가: 월간 대시보드로 각 팀의 기여도 가시화

듀이가 말한 것처럼, "도구의 가치는 그것이 만들어내는 결과로 판단된다" 우리의 협업 시스템도 결과로 증명되어야 했습니다.

7. 예측 가능한
연결 시스템의 완성

여러 실험을 통해 우리는 다른 팀과의 협업을 위한 조금 더 예측 가능한 시스템을 만들 수 있었습니다.

실제 성과 예시: 부산 프로젝트의 성공

이 시스템을 적용한 결과, 부산 프로젝트는 예상을 웃도는 성과를 거두었습니다. 정량적으로는 신규 고객 12개사를 확보했고(목표 6개사 대비 200%), 매출은 $1.2M을 기여했으며(목표 $600K 대비 200%), 프로젝트 완료 기간도 계획 대비 2개월이나 단축된 6개월이었습니다.

정성적으로는 4개 팀이 참여하는 협업 모델을 구축했고, 이는 타 지역 확장 프로젝트의 참고 모델로 활용되며 팀 간 협력 문화 개선에도 기여했습니다.

각 팀의 기여 가시화

가장 중요한 건 각 팀의 기여가 어떻게 전체 성과로 연결되는지 보여주는 것이었습니다. 프로젝트 진행상황과 각 팀의 역할을 함께 볼 수 있도록 공개 대시보드를 만들었죠. 월간 부산 프로젝트 대시보드에는 협업팀 전체가 공유하는 이번 달 성과가 담겼습니다.

신규 고객 3개사 발굴(목표 2개사 대비 150%), 파이프라인 생성 $500K(목표 $300K 대비 167%), 지역 언론 보도 5건의 브랜드 노출이 그것이었죠. 각 팀의 기여도도 명확했습니다. 마케팅팀은 부산 IT 세미나를 주최해 30개사를 모았고, 파트너팀은 현지 파트너 2개사를 신규 발굴했으며, 기술지원팀은 원격 지원 시스템으로 응답 시간을 50%나 단축했습니다.

하버드 경영대학원 테레사 아마빌 교수의 '진전의 법칙(Progress Principle)' 연구에 따르면, 사람들은 자신의 기여가 의미 있는 진전으로 이어질 때 가장 높은 동기를 느낍니다. 문제는 대부분의 협업에서 "내 기여가 어떤 결과를 만들었는지" 보이지 않는다는 것입니다.

마케팅팀이 세미나를 열었지만, 그것이 실제 매출로 이어졌는지 모른다면? 기여의 의미를 느낄 수 없습니다. 공개 대시보드는 단순한 성과 측정 도구가 아닙니다. 각자의 기여가 전체 성공으로 연결되는 '의미의 지도'입니다.

이렇게 각 팀의 기여를 가시화하니, 모두가 하나의 목표를 향해 움직이고 있다는 것을 실감하며 더욱 적극적으로 참여하게 되었습니다.

예상치 못한 부수 효과

"대구도 같은 방식으로 시도해 볼까요?" "이번엔 우리가 먼저 제안할게요. 같이 도와줄 수 있나요?"

우리는 '부탁하는 팀'에서 '함께하고 싶은 팀'으로 조금씩 바꿔어갔습니다.

성공적인 협업 경험이 쌓이면서, 우리 팀은 협업의 선순환 구조를 만들어낼 수 있었습니다. 성공 경험이 다른 팀들의 신뢰와 관심 증가로 이어졌고, 신뢰 증가는 새로운 협업 기회를 발생시켰습니다. 협업 기회는 더 큰 프로젝트와 성과 창출로 연결됐고, 성과 창출은 협업의 가치를 입증했으며, 가치 입증은 조직 차원의 협업 문화 확산으로 이어졌습니다.

한 팀원이 이렇게 말했어요. "이제 협업부서들이 모두 '서로 돕는 파트너'로 보여요"

물론 여전히 쉽지 않은 협업도 있었고, 때로는 기대만큼 되지 않는 경우도 있었습니다. 하지만 적어도 이제는 "어떻게 협업할지" 막막하지는 않았습니다.

8. 아마존 LP: Think Big

우리 팀만이 아니라, 전체를 생각하라

아마존의 Think Big 원칙은 팀 내부를 넘어 조직 전체의 협업 구조를 설계하는 시야를 강조합니다. 이 원칙은 "좁은 사고는 스스로 이루어지는 예언이다. 리더는 대담한 방향을 제시하고 다른 방법으로 결과를 이끌어낸다"고 정의됩니다.

아마존의 가장 대표적인 Think Big 사례는 AWS(Amazon Web Services)입니다. 2000년대 초, 아마존은 내부적으로 서버 인프라 문제를 해결하고 있었습니다. 좁게 생각했다면 "우리 이커머스 플랫폼만 잘 돌아가면 돼"로 끝났을 겁니다.

하지만 아마존은 크게 생각했습니다. "이 인프라를 전 세계 모든 기업이 쓸 수 있게 하면 어떨까?" 그렇게 탄생한 AWS는 지금 아마존 영업이익의 60% 이상을 차지하는 사업이 되었습니다. 한 팀의 내부 문제가 전 세계를 바꾼 서비스가 된 것이죠.

더 흥미로운 점은 AWS가 아마존의 경쟁자들까지 고객으로 만들었다는 것입니다. 넷플릭스, 에어비앤비 같은 기업들이 AWS를 사용합니다. 좁게 생각했다면 "경쟁사에 우리 인프라를 왜 줘?"라고 했겠지만, 크게 생각하니 "전체 시장을 키우자"가 된 겁니다.

베이조스는 말했습니다. "작게 생각하면 작은 결과만 얻습니다. 하지만 크게 생각하는 데 드는 에너지는 작게 생각하는 것과 같습니다. 그렇다면 왜 작게 생각하나요?"

우리 팀도 비슷한 상황이었습니다. 팀 내부는 완벽하게 돌아가는데, 다른 팀과의 협업에서 막혔습니다. 각 팀이 자신의 언어로 말하고, 자신의 우선순위만 주장했기 때문이죠. 이것은 좁은 사고의 결과였습니다. 우리 팀만, 우리 부서만, 우리 목표만 생각한 결과였습니다.

Think Big는 단순히 큰 목표를 세우라는 게 아닙니다. 좁은 시야에서 벗어나 전체를 보고, 팀을 넘어 조직 전체가 어떻게 연결될 수 있는지를 설계하는 것입니다.

우리가 만든 협업 인터페이스, 공통 언어, 예측 가능한 연결 구조. 이것들은 모두 Think Big의 실천이었습니다. 우리 팀의 성공이 아니라, 전체 조직의 성공을 위한 구조였습니다. AWS가 아마존 내부 문제를 넘어 산업 전체의 인프라가 되었듯, 우리의 협업 구조도 우리 팀을 넘어 다른 팀들이 참고할 수 있는 모델이 되기 시작했습니다.

작은 생각은 스스로 실현됩니다. '우리 팀만 잘하면 돼'라고 생각하면, 정말 우리 팀만 잘하게 됩니다. 하지만 크게 생각하면, '어떻게 하면 전체 조직이 함께 성장할 수 있을까'를 고민하게 되고, 그 고민이 협업의 구조를 만듭니다.

Think Big는 야심이 아니라 시야의 문제였습니다. 그리고 그 시야가 팀을 넘어선 협업을 가능하게 만들었습니다.

Chpater 11 마무리

> 리더십 구조의 진정한 가치는 평온할 때가 아니라,
> 모두가 흔들릴 때 드러난다.
> 좋은 구조는 '개인의 고통'을 '팀의 배움'으로 전환시킨다.
> 위기를 통해 조금씩 강해지는 시스템이 진짜 구조다.

협업의 벽도 조금씩 넘어갔습니다. 이제 정말 괜찮은 팀이 된 것 같았어요. 그런데 어느 날 한 팀원이 말했습니다.

"성과는 나는데, 왜 이렇게 지칠까요?"

끊임없이 달리기만 하는 팀은 결국 지칩니다. 우리는 성과를 내는 법은 배웠지만, 쉬는 법은 몰랐던 거예요. 번아웃은 개인의 나약함이 아니라, 회복 구조의 부재였습니다.

다음 챕터에서는 '성과의 리듬'과 '회복의 구조'를 어떻게 설계했는지 들려드리겠습니다.

바로 실험하기: 협업의 단절을 흐름으로

Express 5분
우리 팀의 협업 장벽 체크

1. 현재 진행 중인 프로젝트 중에서 다른 팀의 협력이 필요한데 막히고 있는 부분이 있나요? 그 이유는 무엇일까요?

협력이 필요하지만 막힌 프로젝트 _____

협력 장벽의 원인 _____

원인 중 해당하는 것에 체크해 보세요
- ☐ 정보 공유 부족
- ☐ 팀 간 우선순위 충돌
- ☐ 일정 조율 어려움
- ☐ 의사결정 권한 모호
- ☐ 의사소통 경로 불명확
- ☐ 담당자 불분명
- ☐ 각 팀 목표의 불일치
- ☐ 협업 프로세스 부재

Standard 15분
상대방 팀 KPI 파악하기

1. 협력이 필요한 다른 팀의 핵심 KPI나 올해 목표를 알아보세요. 우리 프로젝트와의 연결점을 찾을 수 있을까요? Win-Win 스토리를 만들어보세요.

협력이 필요한 부서/팀

[   ]

상대방 팀의 핵심 KPI/연간 목표

[   ]

Win-Win 연결점 찾기

우리팀의 필요	상대팀의 필요
_____	_____
_____	_____
_____	_____

Win-Win 시나리오 _____

Deep 30분
5W1H 협업 요청서 작성하기

명확한 협업 요청서를 작성해보세요. 5W1H 프레임워크를 활용하면 상대방 팀과의 협업이 더 원활해집니다.

What: 요청내용   Why: 요청 배경
_____   _____

When: 필요한 시점   Who: 책임자/수신자
_____   _____

Where: 적용 범위   How: 필요한 방식
_____   _____

'헬퍼 오너'를 지정해 지속적인 연결 담당자로 만드세요.

CHAPTER 12

회복의 리듬 만들기

90일 실험 루프 설계

인생은 A(탄생)와 B(죽음) 사이의 C(선택)이다.

– 장 폴 사르트르

회복의 리듬 만들기: 90일 실험 루프 설계

협업도, 위기도 잘 넘겼다면 이제 필요한 건 '회복의 리듬'. 몰입과 성과의 사이클을 설계하는 마지막 실험

"팀장님, 저희가 성과는 잘 내고 있는데… 이상하게 팀 분위기가 조금 가라앉은 것 같지 않으세요?"

한 팀원이 조심스럽게 건넨 이 말이 저를 멈춰 세웠습니다. 돌아보니 그랬습니다. 동료들은 묵묵히 일했고, 실수는 줄었지만 웃음도 줄었어요. 회의는 효율적이었지만, 열정은 식어가고 있었죠.

협업 구조까지 잘 설계된 우리 팀은 계속해서 성과를 냈습니다. 부산 프로젝트, 신규 고객 온보딩, 악성 이슈 대응까지. 어느새 우리는 회사 내에서도 안정적인 성과를 내는 팀이 되어 있었죠.

하지만 그때 알게 되었습니다. 우리는 '성과의 구조'는 만들었지만, '회복의 구조'는 만들지 못했다는 것을.

좋은 팀은 성과를 낸다. 위대한 팀은 회복한다. 리더는 에너지를 끌어내는 사람이 아니라, 에너지가 순환되는 구조를 설계하는 사람이다.

이 장은 우리 팀이 '회복의 리듬'을 찾아가는 마지막 실험에 대한 기록입니다. 완벽한 시스템은 아니었지만, 적어도 팀원들이 다시 숨 쉴 수 있게 만든 시도였습니다.

1. 팀은 기계가 아니다
회복에도 구조가 필요하다

협업 구조까지 잘 설계된 우리 팀은 계속해서 성과를 냈습니다. 부산 프로젝트, 신규 고객 온보딩, 악성 이슈 대응까지. 어느새 우리는 회사 내에서도 안정적인 성과를 내는 팀이 되어 있었죠.

그런데 어느 날, 한 팀원이 조심스럽게 말을 꺼냈습니다.

"팀장님, 저희가 성과는 잘 내고 있는데… 이상하게 팀 분위기가 조금 가라앉은 것 같지 않으세요?"

돌아보니 그랬습니다. 동료들은 묵묵히 일했고, 실수는 줄었지만 웃음도 줄었어요. 회의는 효율적이었지만, 열정은 식어가고 있었죠. 그제야 알게 되었습니다.

우리는 '성과의 구조'는 만들었지만, '회복의 구조'는 만들지 못했다는 걸.

GROWTH 프레임워크도 잘 작동하고, 협업 시스템도 안정화됐지만, 정작 팀원들의 에너지가 순환되는 리듬은 없었던 거예요. 마치 계속 달리기만 하는 기계처럼, 우리는 지쳐가고 있었습니다.

한 팀원이 털어놓았습니다. "요즘 일은 잘 되는데, 왜 이렇게 무기력하죠? 성과를 내는 것도 좋지만, 뭔가 의미를 느끼기 어려워요"

다른 동료도 비슷했어요. "매주 미팅하고, 매월 리포트 쓰고… 하루하루가 그냥 지나가는 것 같아요. 우리가 진짜 성장하고 있는 건지 모르겠어요"

이건 단순한 피로가 아니었습니다. 리듬이 깨진 상태였죠. 몰입과 회복, 집중과 이완, 실행과 성찰이 균형을 이루는 리듬이 없으면, 아무리 잘 설계된 구조도 팀을 소진시킬 수밖에 없습니다.

리더의 번아웃

그런데 솔직히 말하면, 가장 지친 사람은 저였어요.

중간 리더라는 포지션은 상위 리더의 전폭적인 지지가 있어야 가능한 자리입니다. 샌드위치 포지션이라고도 불리는 중간 리더는 위로는 경영진의 압박을, 아래로는 팀원들의 기대를 동시에 받습니다. 이런 양방향 압박은 다른 직급과는 다른 특수한 번아웃 패턴을 만들어내죠.

책임은 많은데 권한은 적은 게 중간 리더의 숙명입니다. 결정할 수 있는 건 별로 없는데, 책임져야 할 일은 넘쳐나죠. 이런 구조가 리더의 열정을 서서히 갉아먹는다는 걸, 저도 뼈저리게 느꼈습니다. 그런데 제 권한 밖의 일이 팀원들에게 중요한 문제일 때, 제가 겪는 무기력함은 상상 이상이었죠.

승진이나 인사 같은 민감한 문제가 걸려 있을 때는 더욱 곤란했습니다. 할 수 있는 건 투명하게 진행 상황을 공유하거나, 그마저도 안 되는 기밀 사항이라면 그동안 쌓은 신뢰를 담보로 "믿어달라"고 하는 수밖에 없었어요. 때로는 솔직하게 "이건 내 권한 밖이야"라고 인정해야 했죠.

그럴 때마다 드는 생각. '중간 리더의 동기부여는 누가 케어하는가?'

실제로 한국형 번아웃 연구에서는 특히 '조직 갈등'이 주요 요인으로 나타났습니다. 중간 리더는 위아래의 기대를 조율하면서 생기는 갈등으로 더 빨리 소진되죠. 특히 기여하고 싶은데 할 수 없는 상황, 팀을 위해 뭔가 해주고 싶은데 권한이 없는 그 답답함이 리더를 가장 무기력하게 만든다더군요. 제가 느낀 그 막막함이 저만의 경험은 아니었던 거예요.

그리고 리더십엔 보이지 않는 감정노동도 있습니다. 팀원들을 다독이고, 위로 올라가는 보고에선 긍정적인 면을 강조하고, 아래로는 부정적인 소식도 희망적으로 전달해야 하죠. 이런 감정 조율을 계속하다 보면, 어느 순간 텅 빈 것 같은 느낌이 들어요.

이 질문이 저를 더 깊이 고민하게 만들었습니다. 팀의 회복도 중요하지만, 리더 자신의 회복 구조는 어떻게 만들 것인가. 결국 리더가 지치면 팀 전체가 무너질 수밖에 없으니까요. 리더 스스로도 번아웃되지 않는 시스템 설계가 필요했습니다.

그래서 시작한 마지막 실험. 바로 '회복의 리듬'을 만드는 일이었습니다.

2. 리듬의 부재가 가져온 불균형

성과는 꾸준했지만, 동료들은 점점 지쳐갔습니다.

매주 회의는 있었지만, 진심 어린 회고는 없었고. 기여는 많았지만, 회복의 순간은 드물었고. 피드백은 늘었지만, 감정적 여백은 사라졌죠.

이건 단순한 피로가 아니었습니다. 리듬이 깨진 상태였어요.

돌이켜보니 우리는 계속 "다음 목표, 다음 프로젝트, 다음 성과"만 쫓고 있었습니다. 한 프로젝트가 끝나면 바로 다음 프로젝트. 한 분기가 끝나면 바로 다음 분기 목표 설정. 숨 쉴 틈 없이 앞으로만 달렸죠.

"잠깐, 우리가 지금까지 뭘 했는지 돌아볼 시간은 없나요?"

팀원의 이 질문이 저에게 큰 깨달음을 줬습니다. 우리는 앞으로만 달리느라, 뒤를 돌아보고 의미를 찾을 여유를 잃었던 거예요.

많은 리더가 이렇게 생각합니다. "목표를 달성하면 팀이 행복해질 거야" 저도 그랬으니까요. 하지만 하버드 경영대학원 테레사 아마빌 교수의 연구에 따르면, 성과를 낸 직후 번아웃이 가장 많이 발생합니다. 왜일까요? "다음 목표"가 바로 주어지기 때문입니다.

의미를 음미할 시간, 성취를 축하할 여유, 배운 것을 정리할 공간이 없죠. 마라톤 선수가 42.195km를 완주한 직후 바로 다음 레이스에 투입되면? 부상입니다. 팀도 마찬가지입니다.

성과 중심의 운영이 나쁜 건 아닙니다. 하지만 사람은 기계가 아니에요. 에너지를 쏟았으면 충전이 필요하고, 몰입했으면 여유가 필요합니다. 무엇보다 '왜 이 일을 하는지'에 대한 의미를 되새길 시간이 필요하죠.

그래서 우리는 새로운 실험을 시작했습니다. 이름하여 '90일 실험 루프'. 물론 그때는 이런 거창한 이름을 붙이지 않았어요. 그저 "이번 분기는 이걸 해보자"는 식이었죠.

나중에 알게 된 사실이지만, 90일이라는 기간은 습관이 형성되고 정착하는 데 필요한 과학적 근거가 있더군요. 21일이면 습관이 만들어지고, 90일이면 생활화된다는 연구 결과처럼 말이죠.

성과와 회복이 자연스럽게 순환되는 리듬을 만드는 실험이었습니다.

3. 영원회귀: 리듬의 철학

프리드리히 니체: 영원회귀

프리드리히 니체*는 '차라투스트라는 이렇게 말했다'에서 '영원회귀(Eternal Recurrence)'라는 개념을 제시했습니다. 모든 것은 반복되며, 그 반복 속에서 의미를 찾아야 한다는 거죠.

처음 이 개념을 접했을 때는 막연했습니다. 하지만 팀의 번아웃을 경험하면서, 니체가 말하고자 한 것이 조금씩 이해되기 시작했어요.

우리는 매일 반복되는 일상 속에서 살아갑니다. 매주 회의하고, 매월 보고하고, 매 분기 목표를 세우죠. 이 반복이 단순한 '반복'으로만 느껴지면, 우리는 무기력해집니다.

하지만 니체는 말합니다. "만약 이 순간이 영원히 반복된다면, 그래도 당신은 이 순간을 긍정할 수 있는가?"

이 질문이 핵심입니다. 반복되는 일상을 견디는 것이 아니라, 긍정할 수 있는가. 매일 같은 일을 하더라도, 그 안에서 의미를 찾고 성장할 수 있는가.

우리 팀에게 필요했던 것이 바로 이것이었습니다. 반복되는 분기 사이클을 단순한 '반복'이 아니라, '리듬'으로 바꾸는 것. 각 사이클마다 새로운 의미를 발견하고, 성장을 경험하며, 회복할 수 있는 구조를 만드는 것.

니체의 영원회귀는 허무주의에 대한 해답이었습니다. 모든 것이 반복된다고 해도, 그 반복을 긍정하고 의미를 만들어낼 수 있다면, 우리는 허무에서 벗어날 수 있습니다.

90일 실험 루프도 마찬가지였습니다. 분기마다 반복되는 사이클이지만, 각 사이클마다 새로운 실험과 배움이 있고, 그 과정을 긍정할 수 있다면, 우리는 번아웃에서 벗어날 수 있습니다.

리듬이란 단순한 반복이 아닙니다. 의미 있는 반복입니다. 성장하는 반복입니다. 그리고 회복이 있는 반복입니다.

*프리드리히 니체(Friedrich Nietzsche, 1844-1900)

독일의 철학자이자 문헌학자입니다. '차라투스트라는 이렇게 말했다'에서 "신은 죽었다"고 선언하며 전통적 가치 붕괴를 경고했습니다. 하지만 허무주의에 빠지지 않고 '영원회귀'와 '초인' 개념으로 새로운 삶의 긍정을 제시했습니다. 영원회귀는 "같은 일이 영원히 반복된다면, 당신은 그 삶을 다시 살 용기가 있는가?"라는 질문입니다. 이를 통해 현재를 진정으로 긍정하며 살라고 말합니다.

초인은 기존 가치를 넘어 스스로 의미를 창조하는 존재입니다. 번아웃은 반복을 견디지 못할 때 옵니다. 니체의 철학은 리더에게 반복되는 일상에 의미를 부여하는 역할의 중요성을 일깨웁니다.

4. 90일 실험 루프의 3가지 원칙

원칙 1: 90일 단위의 실험 중심 목표

우리는 기존의 연간 KPI 대신, 90일 단위 실험 미션을 만들었습니다. 목적은 단 하나. 팀이 에너지를 유지하며, 의미 있는 변화에 몰입하도록 돕는 것.

미션의 사례를 공유하면:
1분기: SMB(중소기업) 고객 확장 실험 "중소기업 시장에서 우리만의 차별화된 접근법을 찾아보자"
- 가설: 중소기업은 대기업과 다른 접근이 필요할 것이다
- 목표: SMB 고객 10개사 신규 확보 및 맞춤 지원 모델 구축
- 의미: 우리 팀이 다양한 고객을 도울 수 있다는 증명

2분기: CRM 기반 고객 관리 시스템화 실험 "고객 관리 시스템을 활용해 고객 여정을 완전히 가시화해보자"
- 가설: 고객 데이터를 체계화하면 더 개인화된 서비스가 가능할 것이다
- 목표: 맞춤 대응 시나리오 구축 및 응답 시간 50% 단축
- 의미: 단순 응대팀이 아닌 고객 성공 파트너가 되는 것

각 실험에는 실패 가능성도 허용했고, 몰입할 만한 의미를 부여했습니다. 중요한 건 성공보다 "우리가 함께 도전하고 배우는 과정" 자체였어요.

원칙 2: 몰입-회고-확장 루틴의 고정

90일을 이렇게 나눴습니다:
Week 1-2 (실험 설계): 가설 수립과 역할 분담
Week 3-8 (몰입 실행): 집중해서 실험 진행
Week 9-10 (회고와 성찰): 데이터와 감정 모두 돌아보기
Week 11-12 (확장과 공유): 배운 것을 다른 팀과 나누기

특히 회고 단계에서는 성과 데이터뿐 아니라 감정적 경험을 나누는 데 집중했습니다.

"이번 실험에서 가장 뿌듯했던 순간은?" "가장 힘들었던 순간은? 그때 누가 도와줬나요?" "다시 한다면, 무엇을 바꾸고 싶나요?"

이런 질문들을 통해 단순한 업무 회고가 아닌, 진짜 성장의 순간을 되새겼습니다. 우리는 회고를 통해 단순히 무엇을 했는지가 아니라, 어떻게 느꼈는지를 나누면서 팀이 더 단단해지는 걸 경험했어요.

원칙 3: 회복의 구조화

성과만큼 회복도 설계해야 지속 가능하다는 원칙을 세웠습니다. 회복 시간의 의도적 배치: 우리는 매월 특정 시간을 '리셋 타임'으로 정했어요. 거창하지 않아도 됩니다. 팀 에너지 체크하고, 가벼운

대화 나누고, 각자 재충전하는 시간을 갖는 것만으로도 충분했어요.

감정 공유 워크숍: 분기 1회, 서로의 상태 나누기
- "요즘 나는 OO한 기분이다" 공유
- 서로의 어려움에 대한 공감과 지지
- 다음 분기 바라는 팀 분위기 설정

'You're not alone' 워크숍: 팀이 안정화되고 성과를 내기 시작하니, 오히려 "더 잘해야 한다"는 압박이 생겼어요. 열심히 해도 고객이 우리 맘처럼 서비스를 써주는 것도 아니고… 그때 한 팀원이 "다들 잘하고 있는데 나만 못하는 것 같아요"라고 털어놨습니다. 그리고 이런 워크숍을 제안했어요.

"우리 'You're not alone' 워크숍 같은 거 해보면 어떨까요?"

워크숍에서 "나만 힘든 게 아니었구나"라는 안도감과 함께, 서로의 극복 경험까지 나누게 된 거예요. "나도 그때 정말 힘들었는데, 이렇게 극복했어"라는 이야기들이 자연스럽게 흘러나왔죠. 그러다 보니 "우리 이럴 때 서로 돕자, 어떻게 도울까?"라는 액션 플랜까지 만들어졌습니다. 혼자가 아니라는 걸 아는 것만으로도 팀은 다시 힘을 낼 수 있었어요.

이 리듬을 통해 성과→회복→확장으로 이어지는 순환 구조를 만들었습니다.

5. 존재와 시간: 회복의 시간성

마르틴 하이데거: 존재와 시간

마르틴 하이데거*는 '존재와 시간'에서 인간의 시간성에 대해 깊이 탐구했습니다. 그는 시간을 단순히 '흐르는 것'이 아니라, 우리가 '살아가는 방식'으로 봤죠.

하이데거는 세 가지 시간성을 제시합니다: 과거(Gewesenheit): 이미 있었던 것, 현재(Gegenwart): 지금 여기, 미래(Zukunft): 다가올 것

우리 팀이 번아웃에 빠진 이유는, 이 세 가지 시간성의 균형이 깨졌기 때문이었습니다. 우리는 오직 '미래'만 보고 달렸습니다. 다음 목표, 다음 프로젝트, 다음 성과. "지금"을 살지 못했고, "과거"를 돌아보지 못했습니다.

하이데거는 말합니다. 진정한 존재는 과거를 돌아보고(회고), 현재에 충실하며(몰입), 미래를 준비하는(확장) 통합적 시간성 속에서만 가능하다고 말이죠. 90일 실험 루프는 바로 이 시간성의 균형을 회복하는 구조였습니다.

Week 9-10 (회고): 과거를 돌아보기
- 우리가 무엇을 했는지, 어떻게 느꼈는지 성찰
- 실패와 성공 모두에서 배움 찾기

Week 3-8 (몰입): 현재에 충실하기
- 지금 이 실험에 온전히 집중
- 과정 자체를 즐기기

Week 11-12 (확장): 미래를 준비하기
- 배운 것을 다음 사이클에 적용
- 새로운 가능성 탐색

하이데거가 말한 "본래적 시간성"은 바로 이런 것입니다. 과거, 현재, 미래가 분리된 것이 아니라, 하나의 흐름 속에서 통합되는 것.

우리는 90일 루프를 통해 이 시간성의 균형을 회복했습니다. 그리고 그 균형 속에서, 팀은 다시 숨 쉴 수 있게 되었습니다.

＊마르틴 하이데거 (Martin Heidegger, 1889-1976)

독일의 실존주의 철학자입니다. '존재와 시간'에서 "존재한다는 것은 무엇인가?"를 탐구했습니다. 그는 시간을 시계가 측정하는 객관적 흐름이 아니라, 인간이 경험하는 실존적 구조로 봤습니다.

하이데거에게 시간은 과거-현재-미래가 분리되지 않고 통합된 '시간성(Temporality)'입니다. 과거를 성찰하고, 현재를 살며, 미래를 기획하는 것이 동시에 일어나죠. 현대 조직이 미래만 쫓다 번아웃되는 이유는 이 통합적 시간성을 잃었기 때문입니다.

리더는 팀이 세 가지 시간을 모두 살게 해야 합니다.

6. 리듬이 만든 변화들

팀 내에서 이런 실험들을 거치면서 변화가 일어나기 시작했습니다.

정량적으로는 성과가 여전히 높게 유지됐고, 오히려 더 안정적이었어요. 팀 내 소통이 활발해졌고, 자발적으로 학습하는 분위기도 생겼습니다. 하지만 더 중요한 건 정성적 변화였어요. 성과는 여전하지만, 팀 분위기는 더 따뜻해졌고. 리더의 존재감은 줄었지만, 팀의 자율성은 늘었고. 피드백은 여전하지만, 상처는 줄고 유대감은 늘었습니다.

한 팀원이 말했어요. "이제 일이 단순한 업무가 아니라, 우리가 함께 만들어가는 이야기 같아요" 다른 동료도 변했습니다. "실패해도 괜찮다는 안전감이 있으니까, 더 과감하게 시도할 수 있어요" 또 다른 팀원은 이렇게 표현했어요. "3개월마다 새로운 실험을 한다고 생각하니까, 매일이 더 의미 있게 느껴져요"

가장 큰 깨달음은 이것이었습니다. 성과는 구조에서 나오고, 사람은 리듬에서 회복된다는 것.

시간 관리에서 에너지 관리로

나중에 알게 된 건데, 사람의 집중력은 대략 90분에서 120분 정도가 한계라고 해요. 그 이상 무리하면 효율은 떨어지고 실수는 늘어나죠. 우리가 만든 90분 집중-휴식 패턴이 우연히도 인간의 자연스러운 리듬과 맞아떨어졌던 겁니다.

아무리 좋은 시스템과 프로세스가 있어도, 그 안에서 일하는 사람들이 지치면 지속 가능하지 않습니다. 하지만 회복의 리듬이 있는 팀은 오히려 더 높은 성과를 낼 수 있다는 걸 확인했어요. 리더란, 모든 걸 아는 사람이 아니라 '팀이 함께 성장할 수 있는 시스템과 리듬을 설계하는 사람'이라는 걸 이번 실험이 가르쳐줬습니다.

한국 조직에서는 특히 상사의 지원이 팀원의 창의성과 성과에 큰 영향을 미친다고 합니다. 리더가 회복의 리듬을 만들고 스스로도 건강해질 때, 그 긍정적 영향이 팀 전체로 확산되는 거죠.

음악에서 배우는 리듬의 힘

오케스트라를 떠올려보세요. 모든 악기가 쉬지 않고 연주하면 소음이 됩니다. 아름다운 하모니는 '쉼표'에서 나오죠. 바이올린이 연주할 때 첼로는 쉬고, 관악기가 숨을 고를 때 현악기가 채웁니다.

베토벤 교향곡의 각 악장 사이엔 짧은 침묵이 있습니다. 그 침묵이 다음 악장을 더욱 빛나게 하죠. 연주자는 숨을 고르고, 청중은 감동을 소화하고, 다음을 준비합니다.

팀도 마찬가지입니다. 지휘자(리더)의 역할은 모두를 동시에 연주시키는 게 아닙니다. 각자의 파트가 최선을 다할 수 있도록 쉼표를 배치하고, 그 쉼표 사이에서 하모니를 만드는 것입니다. 강약의 리듬이 있어야 음악이 살아나듯, 팀에도 집중과 회복의 리듬이 필요합니다.

7. 중용: 균형의 철학

아리스토텔레스: 중용

아리스토텔레스*는 '니코마코스 윤리학'에서 '중용(中庸, Mesotes)'의 덕을 강조했습니다. 중용이란 양극단의 중간이 아니라, 상황에 맞는 적절한 균형을 찾는 것입니다.

우리 팀의 번아웃은 균형의 상실에서 왔습니다.

성과에만 집중 ↔ 회복 없음 몰입만 강조 ↔ 성찰 부재 미래만 추구 ↔ 현재 상실

아리스토텔레스는 말합니다. 용기는 무모함과 비겁함의 중간이 아니라, 상황에 맞는 적절한 행동이라고 말이죠. 마찬가지로 팀의 리듬도 "일만 하기"와 "쉬기만 하기"의 중간이 아니라, 상황에 맞는 적절한 균형입니다.

90일 실험 루프는 이 중용을 실천하는 구조였습니다.

Week 3-8: 몰입의 시간 (집중)

Week 9-10: 회고의 시간 (성찰)

Week 11-12: 확장의 시간 (준비)

Week 1-2: 설계의 시간 (계획)

각 단계가 극단으로 치우치지 않고, 자연스럽게 순환되도록 설계했습니다. 너무 오래 몰입하면 소진되고, 너무 오래 쉬면 나태해집니다. 하지만 적절한 리듬 속에서는 둘 다 의미 있는 활동이 됩니다.

아리스토텔레스가 말한 중용은 '황금 평균'이 아닙니다. 상황과 맥락에 따라 달라지는 '실천적 지혜(Phronesis)'입니다.

우리 팀도 고정된 비율을 따른 것이 아니었습니다. 어떤 분기는 몰입 시간이 더 길었고, 어떤 분기는 회고 시간이 더 필요했죠. 중요한 건 팀이 스스로 그 균형을 찾아가는 능력을 키운 것입니다.

리듬이란 기계적 반복이 아니라, 살아 있는 균형입니다.

*아리스토텔레스(Aristotle, 기원전 384-322)

고대 그리스 철학자이자 플라톤의 제자입니다. '니코마코스 윤리학'에서 '중용(Mesotes)'의 덕을 제시했습니다. 중용은 양 극단의 산술적 중간이 아니라, 상황과 개인에 맞는 최적의 덕목입니다.

용기는 무모함과 비겁함 사이, 관대함은 낭비와 인색함 사이에 있지만, 그 지점은 사람과 상황마다 다릅니다. 이를 판단하는 능력이 '실천적 지혜(Phronesis)'입니다. 도덕적 덕을 실천하는 데 필수적인 지혜로, 구체적 상황에서 올바른 행위를 선택하게 합니다.

리더십도 마찬가지입니다. 압박과 방임 사이, 성과와 회복 사이의 적절한 균형은 매번 다릅니다. 리더는 조직과 개인에 맞는 중용을 찾는 실천적 지혜가 필요합니다.

8. 아마존 LP: Bias for Action

완벽한 계획보다 실험하는 용기

이 경험을 통해 아마존의 Bias for Action(행동 편향) 원칙이 새롭게 다가왔어요. 아마존의 Bias for Action 원칙은 "속도는 비즈니스에서 중요하다. 많은 의사결정과 행동은 되돌릴 수 있으며 광범위한 연구가 필요하지 않다. 우리는 계산된 위험 감수를 중시한다"고 정의됩니다.

일반적으로 이 원칙을 "빨리 움직여라"로만 이해하기 쉽습니다. 하지만 우리가 90일 실험 루프를 만들면서 깨달은 것은, Bias for Action의 진짜 의미는 "완벽한 계획보다 실험하는 용기"라는 것이었습니다.

팀이 번아웃에 빠졌을 때, 저는 망설였습니다.

"회복 구조를 만들어야 하는데... 어떻게 해야 할까? 다른 회사들은 어떻게 하지? 선배들에게 물어볼까?"

하지만 기다리고 계획만 세우는 동안, 팀원들은 계속 지쳐가고 있었습니다.

그때 생각했습니다. "일단 해보자. 90일 동안 실험해보고, 안 되면 바꾸면 되잖아" Bias for Action의 핵심은 바로 이것입니다. 완벽한 확신이 없어도 실험하는 것. 되돌릴 수 있는 결정이라면,

빠르게 시도해보는 것.

우리의 90일 실험 루프도 처음부터 완벽하지 않았습니다.

1분기 실험은 사실 혼란스러웠어요. 회고 시간을 언제 가져야 할지도 몰랐고, 어떤 질문을 해야 할지도 막막했습니다. 하지만 일단 시작했고, 하면서 배웠습니다.

2분기에는 조금 나아졌습니다. 1분기의 실수에서 배웠으니까요. 회고 시간을 더 구조화했고, 감정 공유를 추가했습니다.

3분기에는 더 정교해졌습니다. 'You're not alone' 워크숍이 추가되었고, 회복 시간도 의도적으로 배치했습니다.

만약 우리가 "완벽한 회복 구조를 설계할 때까지 기다렸다면"? 아마 팀은 더 심하게 번아웃됐을 것입니다. 하지만 우리는 Bias for Action으로 움직였고, 실험하면서 배웠고, 조금씩 개선해나갔습니다.

Bias for Action은 "무모하게 움직이라"가 아닙니다. "계산된 위험을 감수하며 실험하라"입니다. 90일 실험 루프는 바로 이 원칙의 실천이었습니다. 완벽하지 않아도 시작하고, 실패에서 배우고, 빠르게 반복하는 것. 그것이 팀을 회복시킨 진짜 이유였습니다.

속도가 중요한 게 아니라, 실험하는 용기가 중요한 겁니다.

Chpater 12 마무리

> 좋은 팀은 성과를 낸다. 위대한 팀은 회복한다.
> 리더는 에너지를 끌어내는 사람이 아니라,
> 에너지가 순환되는 구조를 설계하는 사람이다.
> 성과는 구조에서 나오고, 사람은 리듬에서 회복된다.

90일 실험 루프로 팀은 지속가능한 리듬을 찾았습니다.

그런데 이 모든 변화를 어떻게 확인할 수 있을까요? "느낌적인 느낌"만으로는 부족했습니다.

숫자가 전부는 아니지만, 때로는 숫자가 필요합니다.

측정이 어떻게 '평가'가 아닌 '돌봄'의 도구가 되는지, 다음 챕터에서 확인하세요.

"비전은 우리 내면을 들여다볼 때에만 명확해진다.
바깥을 바라보는 자는 꿈을 꾸고, 내면을 바라보는 자는 깨어난다"

- 칼 융 (Carl Jung)

바로 실험하기: 회복의 리듬 만들기

Express 5분
팀 에너지 긴급 진단

팀원들에게 지금 즉시 메시지로 물어보세요

"1-10점 중 현재 에너지 레벨은?"

평균이 6점 이하라면?

오늘 중에 팀을 위한 회복 시간이 필요할 수 있습니다. 짧은 휴식이나 가벼운 대화 시간을 마련해보세요.

우리 팀의 현재 에너지 평균: _____

Standard 15분
주간 리듬 재설계

다음 주 캘린더를 열고 '에너지 리듬'을 함께 설계해보면 어떨까요?

> 고감도 업무 시간대 표시 (빨간색)
> 회복 시간 블록 지정 (초록색)
> 팀 에너지 체크인 시간 설정 (매일 5분)
> 금요일 오후 한 주 마무리

여러분 팀의 캘린더는 어떤 색으로 가득한가요?

Deep 30분
5W1H 협업 요청서 작성하기

다음 분기를 위한 90일 실험 루프를 체계적으로 설계해 보세요

1. Week 1-2 : 실험 주제와 가설 설정 워크숍
   _____
   _____

2. Week 3-10: 실행 단계별 마일스톤과 체크포인트

   주요 마일스톤   체크포인트
   _____   _____
   _____   _____

3. Week 11-12: 회고와 축하의 구체적 방법

   회고방식   축하계획
   _____   _____
   _____   _____

4. 에너지 관리 : '리셋 데이' 배치
   매 3주마다 팀 에너지 회복을 위한 '리셋 데이'를 배치하세요.
   _____
   _____

5. 팀 전체 킥오프 미팅 아젠다
   _____
   _____

리듬이 없는 성과는 지속 가능하지 않습니다. 여러분만의 리듬을 찾아보세요

CHAPTER 13

회복의 구조를 측정하다

평가가 아닌 돌봄의 도구

측정할 수 없다면, 관리할 수 없다.

− 피터 드러커 (Peter Drucker)

회복의 구조를 측정하다: 평가가 아닌 돌봄의 도구

측정은 평가가 아니라 돌봄이다. 우리가 얼마나 성장했는지 확인하는 따뜻한 도구

"또 설문이요? 어차피 바뀌는 것도 없는데"

팀원들의 냉소적인 반응이 제 가슴을 찔렀습니다. 우리가 만든 GROWTH 구조, 90일 실험 루프, 회복의 리듬… 이 모든 것이 정말 작동하고 있는지 확인하고 싶었습니다. 하지만 팀원들에게 '측정'은 신뢰가 아니라 의심의 표현이었습니다.

측정의 목적은 줄 세우기가 아니라 함께 성장하기다. 숫자가 말하지 못하는 순간들도 소중히 기록할 때, 팀은 더 단단해진다.

이 장은 우리가 어떻게 '측정'을 '평가'에서 '돌봄'으로 전환했는지에 대한 이야기입니다. 완벽한 방법은 아니었지만, 적어도 팀원들이 두려워하지 않는 측정을 만들려고 노력했습니다.

지금부터 그 여정을 시작하겠습니다.

1. 빨간색으로 물들여진 시작

"빨간색으로 물들여져 있었을 때가 기억이 나요"

아마존에서 새로운 팀을 맡고 처음 받아든 Connections Survey 결과였습니다. 전체 항목이 모두 붉은색. 조직 건강도 최하위. 희망적이었던 건, 바닥이니 올라갈 일만 남았다는 거였죠.

그래서 팀 미팅에서 조심스럽게 꺼냈습니다. "우리 팀 상태를 더 잘 이해하고 싶어요. 데이터를 통해 개선점을 찾아보면 어떨까요?"

"팀장님, 혹시... 우리를 평가하려는 거예요?"

"그냥 시간이 지나면 좋아지겠죠."

이 짧은 대화에 모든 게 담겨 있었습니다. 측정에 대한 두려움, 개선에 대한 체념, 그리고 깊은 불신.

"또 설문이요? 어차피 바뀌는 것도 없는데."

"익명이라고 하지만... 어차피 누군지 다 알아내잖아요"

이전 조직에서 측정은 '줄 세우기'였고, 익명은 '가짜'였던 거죠.

그때 깨달았습니다. 우리가 해야 할 건 측정이 아니라 '돌봄'이구나. 평가와 비교가 아닌, 함께 더 나아지기 위한 대화의 도구가 필요하다는 것을.

측정 프레임워크의 전환

측정의 목적을 명확히 해야 했습니다.

이전: 평가 도구 → 불안과 방어

이후: 돌봄 도구 → 신뢰와 참여

이런 전환을 위해 제가 만든 건 단순한 숫자 나열이 아닌, 팀의 건강 상태를 함께 진단하는 대화 도구였습니다.

첫 번째 원칙: 투명성

"이 측정의 목적은 여러분을 평가하는 것이 아니라, 우리 팀이 더 나아지는 것입니다. 결과는 모두에게 공개되고, 함께 개선 방법을 찾아갑니다"

두 번째 원칙: 안전성

"누가 무엇을 답했는지는 절대 추적하지 않습니다. 중요한 건 개인이 아니라 팀 전체의 건강입니다"

세 번째 원칙: 행동 중심

"측정 후에는 반드시 구체적인 개선 행동이 뒤따릅니다. 측정만 하고 끝나지 않습니다"

처음엔 회의적이었습니다. "정말 바뀔까요?"

하지만 저는 약속했습니다. "이번엔 다릅니다. 제가 보여드리겠습니다"

2. 감시와 처벌을 넘어서

미셸 푸코: 판옵티콘의 권력

미셸 푸코는 '감시와 처벌'에서 '판옵티콘(Panopticon)'이라는 개념을 통해 근대 권력의 작동 방식을 설명했습니다. 판옵티콘은 중앙의 감시탑에서 모든 죄수를 볼 수 있지만, 죄수는 자신이 감시받는지 알 수 없는 구조입니다.

푸코는 말합니다. 이 구조의 진짜 권력은 실제 감시가 아니라, "언제든 감시받을 수 있다"는 불안에서 나온다고 말이죠. 죄수들은 스스로를 감시하게 됩니다.

팀원들이 측정을 두려워한 이유가 바로 이것이었습니다. 측정은 단순한 데이터 수집이 아니라, 권력의 행사처럼 느껴졌던 거예요.

"내가 뭐라고 답하는지 누군가 보고 있을 것 같아요" "낮은 점수를 주면 불이익이 있을까 봐 무섭습니다" "솔직하게 답했다가 팀장님 기분 상하면 어쩌죠?"

이것은 판옵티콘의 효과였습니다. 실제로 제가 감시하지 않아도, 팀원들은 '감시받을 수 있다'는 불안 때문에 스스로를 검열했습니다.

푸코는 이렇게 작동하는 권력을 '규율 권력(disciplinary power)'이라고 불렀습니다. 폭력이나 강제 없이도, 사람들을 자발적으로

순응하게 만드는 권력이죠.

하지만 푸코는 또한 말합니다. 이 권력 구조를 인식하는 순간, 우리는 그것을 바꿀 수 있다고 말이죠.

저는 판옵티콘을 무너뜨리기로 했습니다.

"여러분이 어떻게 답하든, 저는 개인을 추적하지 않습니다. 설문 결과는 모두에게 공개되고, 함께 개선 방법을 논의합니다. 이 측정은 여러분을 통제하는 도구가 아니라, 우리 팀을 돌보는 도구입니다"

말만으로는 부족했습니다. 행동으로 보여줘야 했죠.

첫 번째 설문 후, 저는 결과를 전체 팀에게 공개했습니다. 그리고 "이 부분이 가장 낮네요. 우리가 함께 어떻게 개선할 수 있을까요?"라고 물었습니다. 누구를 지적하지 않고, 함께 방법을 찾았습니다.

두 번째 설문 후에도 마찬가지였습니다. 낮은 점수에 화내지 않고, "솔직하게 말해주셔서 고맙습니다. 이제 우리가 할 일이 명확해졌네요"라고 말했습니다.

세 번째 설문 즈음, 변화가 일어났습니다.

"팀장님, 이번 결과 보셨어요? 이 부분은 우리가 좀 더 노력해야 할 것 같아요"

팀원이 먼저 개선을 제안한 것입니다. 측정이 '감시'에서 '돌봄'으로 바뀐 순간이었습니다.

푸코가 말한 권력의 전환이 일어난 거예요. 측정이 더 이상 팀원을 통제하는 판옵티콘이 아니라, 팀을 돌보는 도구가 된 것입니다.

3. 변화를 읽는 눈

"한국인들이 평가점수를 너무 짜게 주는 것 같아요"

어느 날 나의 매니저가 조심스럽게 말했습니다. 한 명의 매니저가 한국에서 다른 지역으로 옮겼더니 매니저 만족도가 3점이 4점이 되더라는 거예요. 절대 평가가 아니기 때문에 저마다의 기준에 따라 점수를 주는 거라, 점수 자체보다는 변화의 흐름을 읽는 게 중요하다는 걸 깨달았습니다.

그래도 온통 빨간색인 건 분명한 적신호였죠. 웃음만 나왔습니다.

3.2점이 3.5점이 되면 뭔가 좋아지고 있다는 신호. 4점이 3.7점이 되면 누군가 힘들어한다는 경고. 이렇게 '변화분'을 보기 시작했어요.

우리는 가족이 아니잖아요. 객관적인 잣대가 있으면 서로를 이해하고 합의점을 찾기가 쉬워집니다.

트렌드 읽기 프레임워크

우리는 점수 자체보다 변화의 방향을 읽기로 했습니다.

상승 트렌드(+0.3 이상): 실험 효과 확인, 확대 적용 정체 구간(-0.1~+0.1): 새로운 실험 필요 하락 신호(-0.2 이하): 전체 팀원과 심도 있는 1:1 진행

예를 들어, 1분기에 '역할 명확성' 점수가 3.2였다가 2분기에

3.6이 되었다면? 우리가 만든 '팀 역량 지도'가 효과가 있다는 증거였습니다.

반대로 '업무 부담' 점수가 3.8에서 3.4로 떨어졌다면? 누군가 힘들어한다는 신호였고, 즉시 1:1 미팅을 통해 원인을 파악했습니다.

3개월 후, 작은 기적이 일어났습니다.

"그럼... Connections Survey 결과를 매번 같이 리뷰하면 어때요? 뭐가 나아지고 있는지 보고 싶어요"

동료가 먼저 제안한 거예요. 측정이 '감시'에서 '관심'으로 바뀐 순간이었습니다.

6개월 후 측정 결과

숫자는 거짓말하지 않았습니다.

Connections Survey: 대부분 빨간색 → 전체 파란색 팀 미팅 발언: 리더 독점 → 평균 15회 (팀원들의 자발적 발언) 도움 요청 비율: 18% → 87% 자발적 개선 제안: 0건 → 월 12건

이 변화를 만든 핵심은 매주 5분씩 팀과 함께 우리의 기여 구조를 점검하며 작은 개선을 쌓아간 것이었습니다.

수치로 보여지는 변화는 분명했고, 그만큼 의미 있었지만... 한 가지 질문이 남았습니다.

"그럼, 숫자가 말하지 못하는 것들은 어떻게 하지?"

4. 측정의 한계

임마누엘 칸트: 순수이성비판

임마누엘 칸트는 '순수이성비판'에서 인간 이성의 한계를 명확히 했습니다. 우리는 현상(Phenomenon)은 알 수 있지만, 물자체(Noumenon)는 알 수 없다고 말이죠.

측정도 마찬가지였습니다. 우리는 '무엇을 했는가'는 측정할 수 있지만, '어떻게 느꼈는가'는 완전히 측정할 수 없습니다.

"팀장님, 제일 중요한 순간들은 측정할 수 없더라고요"

누군가의 따뜻한 한마디가 만든 변화, 함께 웃은 순간의 가치, 실패 후 서로를 바라본 눈빛... 이런 순간들을 어떻게 기록할까요?

칸트는 말합니다. 이성으로 파악할 수 없는 영역이 있다는 것을 인정하는 것, 그것이 진정한 지혜라고 말이죠.

저도 인정해야 했습니다. 측정은 완벽하지 않다는 것을. 숫자가 모든 것을 담을 수 없다는 것을. 하지만 그렇다고 포기할 수는 없었습니다. 측정할 수 없다고 해서 중요하지 않은 것은 아니니까요.

그래서 우리는 '기여의 순간 아카이브'를 만들었습니다. 측정할 수 없는 것들을 기록하는 방법이었죠.

기여의 순간 아카이브

매주 팀 미팅 마지막 5분, 우리는 이런 질문을 나눴습니다.

"이번 주에 누군가의 도움이 특별히 기억에 남나요?" "어떤 순간에 우리 팀이 좋다고 느꼈나요?" "함께 일하면서 배운 점이 있나요?"

기여의 순간 아카이브 예시:

"오늘 준우님이 유진님을 도운 방식이 인상적이었어요. 기술적 설명뿐 아니라 감정적으로도 지지해줬어요"

"실패했지만 함께 해결책을 찾는 과정이 뿌듯했습니다. 누구도 탓하지 않고, 다 같이 앞으로 나아갔어요"

"민영님의 아이디어가 모두를 웃게 만들었던 순간. 무거웠던 분위기가 한 번에 밝아졌어요"

이런 순간들은 숫자로 표현할 수 없었지만, 팀에게는 가장 소중한 기억들이었습니다.

칸트가 말한 것처럼, 우리는 측정의 한계를 인정했습니다. 하지만 그 한계 너머에 있는 것들도 소중히 여기기로 했습니다.

그래서 우리는 정의했습니다: "측정 가능한 것은 개선하고, 측정 불가능한 것은 소중히 여긴다"

5. 숫자와 이야기의 조화

"시스템은 '무엇을 했는가'를 기록하지만, 사람은 '어떻게 느꼈는가'를 기억합니다" 데이터는 거짓말하지 않았습니다. 하지만 데이터가 모든 걸 담을 순 없었죠.

그래서 우리는 두 가지를 병행했습니다.
정량적 측정: 사내 설문조사(Conntections Survey), 발언 횟수, 도움 요청 비율
정성적 기록: 기여의 순간 아카이브, 회고 노트, 감사의 기록

분기마다 우리는 이 두 가지를 함께 리뷰했습니다.
"이번 분기 Connections Survey는 0.4 상승했습니다. 특히 '심리적 안전감' 항목이 크게 올랐네요. 그리고 기여의 순간 아카이브를 보면."

숫자는 변화의 방향을 보여줬고, 이야기는 그 변화의 의미를 담아줬습니다. 한 팀원이 말했습니다.
"점수가 올라간 것도 좋지만, 저는 이 아카이브가 더 좋아요. 제가 한 작은 도움을 누군가 기억해주고 있다는 게... 뭔가 뿌듯해요."

측정은 평가가 아닌 돌봄입니다. 그리고 때로는, 우리가 얼마나 성장했는지를 보여주는 가장 아름다운 증거가 되기도 합니다.

6. 아마존 LP:
Insist on the Highest Standards

높은 기준은 압박이 아니라 성장의 나침반이다

아마존의 Insist on the Highest Standards(최고 수준을 고집하라) 원칙은 "리더는 끊임없이 기준을 높인다. 많은 사람들이 이 기준이 비합리적으로 높다고 생각할 수 있다. 리더는 지속적으로 품질을 향상시키며, 문제를 조기에 발견하고 해결한다"고 정의됩니다.

처음 이 원칙을 접했을 때는 오해했습니다. '높은 기준 = 완벽주의 = 압박'이라고 생각했죠.

하지만 측정 시스템을 만들면서 깨달았습니다. 진짜 높은 기준은 압박이 아니라, 성장의 도구라는 것을.

팀원들이 측정을 두려워했던 이유는, 이전의 측정이 '처벌을 위한 기준'이었기 때문입니다. "이 점수 이하면 불이익" 같은 식이었죠.

하지만 Insist on the Highest Standards의 진짜 의미는 다릅니다. 함께 더 나아지기 위한 기준입니다.

우리가 만든 측정 시스템도 그랬습니다.

"우리 팀의 Connections Survey를 파란색으로 만들자"는 목표는 높은 기준이었습니다. 많은 사람들이 "그건 너무 어렵지 않아요?"라고 했죠.

하지만 저는 말했습니다. "어렵지만 불가능하지 않아요. 우리가 함께 조금씩 개선하면 할 수 있어요."

그리고 매주 5분씩, 우리는 조금씩 개선했습니다.

- 역할 명확성이 낮다? → 팀 역량 지도 업데이트
- 심리적 안전감이 낮다? → 기여적 안정감 워크숍
- 업무 부담이 높다? → 90일 실험 루프로 회복 시간 확보

Insist on the Highest Standards는 "완벽해야 한다"가 아닙니다. "지속적으로 개선한다"입니다. 6개월 후, 정말로 모든 항목이 파란색이 되었을 때, 팀원들은 놀라워했습니다.

"정말 우리가 해냈네요. 처음엔 불가능해 보였는데."

높은 기준은 압박이 아니라 성장의 나침반이었습니다. 우리가 어디로 가야 하는지 보여주는 지표였죠.

그리고 측정은 그 기준에 얼마나 가까워졌는지 확인하는 돌봄의 도구였습니다.

Insist on the Highest Standards와 측정은 함께 작동할 때 가장 강력합니다. 높은 기준을 세우고, 측정으로 확인하고, 지속적으로 개선하는 것. 그것이 팀을 성장시키는 방법이었습니다.

Chpater 13 마무리

> 측정의 목적은 줄 세우기가 아니라 함께 성장하기다.
> 측정 가능한 것은 개선하고, 측정 불가능한 것은 소중히 여긴다.
> 높은 기준은 압박이 아니라 성장의 나침반이다.

측정을 통해 우리의 성장을 확인했습니다. 25년간 IT 기업에서 검증한 이 구조들. 하지만 마음 한편엔 늘 의문이 있었어요.

"혹시 이것도 대기업의 자원이 있어서 가능한 건 아닐까?"

다음 챕터에서는 모든 걸 내려놓고 시작하는 새로운 도전을 나누겠습니다.

바로 실험하기: 회복의 구조 측정하기

Express 5분
오늘의 리더십 실험 점수

지금 우리 팀의 상태를 간단히 체크해보세요. (1-5점)

팀의 방향성이 명확하다	1 2 3 4 5
각자의 강점을 활용하고 있다	1 2 3 4 5
자율적으로 일하고 있다	1 2 3 4 5
실패를 공유할 수 있다	1 2 3 4 5
서로 신뢰하고 있다	1 2 3 4 5

총점: ____ / 25

15점 이하라면? 가장 낮은 가장 낮은 점수를 받은 항목부터 개선해 보세요

Standard 15분
측정 지표 하나 만들기

이번 주 한 가지 지표만 선정해 집중적으로 측정해 보세요

무엇을 개선하고 싶나요? _____
어떻게 측정할 것인가요? _____
언제 측정할 것인가요? _____

금요일에 데이터를 확인하고 인사이트를 찾아보세요

Deep 30분
90일 실험 계획 수립

우리 팀의 첫번째 90일 실험을 설계해 보세요

목표 설정
3개월 후 무엇이 달라지길 원하나요?
_____

주요 지표 선정
변화를 어떻게 측정할까요?
_____

주간 체크포인트
매주 금요일 무엇을 점검할까요?
_____

첫 주 실행 계획
다음 주 월요일부터 무엇을 시작할까요?
_____
_____
_____

리더가 먼저 자신의 실험 계획을 공유하세요. 여러분의 팀은 측정을 두려워 하나요?
아니면 성장의 도구로 쓰나요?

CHAPTER 14

거인의 어깨를 떠나다

나만의 실험실을 만들다

시지프스는 행복하다고 상상해야 한다.

– 알베르 카뮈

거인의 어깨를 떠나다: 나만의 실험실을 만들다

모든 것을 내려놓고, 원칙의 힘을 증명하는 여정. 사람과 기술이 진정으로 협력하는 리더십에 대한 새로운 실험

"과연 이 구조가 제로베이스에서도 통할까요?"

동료들이 자주 묻는 질문입니다. 그들은 걱정스러운 표정으로 덧붙였죠. "아마존 같은 거대한 시스템이 있어서 가능했던 거 아닐까요?"

저는 잠시 생각했습니다. 솔직히 말하면, 저도 궁금합니다. 25년간 다양한 환경에서 실험했지만, 정말로 '직원 1명, 책상 1개'에서 시작할 때도 같은 원칙이 작동할까요?

이 질문에 대한 답은 아직 모릅니다.

하지만 알아보고 싶습니다.

1. 성과는 숫자를 넘어 함께 만든 기억으로 남는다

지난 13개 챕터를 통해 저는 오라클과 아마존에서 '압박하지 않는 리더십'과 'G.R.O.W.T.H. 기여 구조'를 실험했습니다. 어려움을 겪던 팀과 함께 위기를 헤쳐나가고, 지속 가능한 성장 리듬을 만들었죠.

25년의 여정을 되돌아보니 명확해졌습니다. 제 마음에 가장 깊이 남은 것은 보고서의 숫자가 아니라, 동료들과 함께 만든 순간들이었습니다.

극도로 지쳤던 동료가 자신감을 되찾던 순간. '부서 이기주의'로 서로 탓하던 팀들이 함께 웃으며 문제를 해결하던 모습. "팀장님 덕분에 제가 이런 일도 할 수 있다는 걸 알았어요"라고 말해주던 후배의 눈빛. 악성 고객 이슈로 밤샘 작업을 하면서도 "우리가 해내겠다"며 서로를 격려하던 동료들.

이 기억들이 제게 말해줍니다. G.R.O.W.T.H. 구조는 적어도 제가 있었던 곳에서는 작동했다고. 사람들은 기여하고 싶어 한다고.

그런데 이제 궁금해졌습니다.
정말로 조직의 크기나 자원과 무관하게 작동할까?

AI를 첫 번째 직원으로 맞이하며 발견한 것

창업을 하고 새로운 비즈니스 계획을 짜고 실행하는 과정에서, 저는 AI를 마치 첫 번째 팀원처럼 함께 일을 했습니다. 그리고 흥미로운 경험을 했어요.

AI에게도 명확한 목표(Goal)를 주고, 역할(Role)을 나누고, 책임(Ownership)을 부여하니, 제법 괜찮은 협업이 되더라고요. 물론 AI의 한계를 이해하고(Well-being), 결과물을 검증하는 신뢰 구조(Trust)를 만들었으며, 최종적으로는 인간의 판단(Human)으로 마무리했습니다.

'어, G.R.O.W.T.H. 구조가 여기서도 쓸모가 있네?'

하지만 AI는 불평하지 않습니다. 야근을 시켜도, 수정을 열 번 요청해도 말이죠. 진짜 사람과 일할 때는 또 다르겠죠.

그래서 이제 정말로 알아보고 싶습니다.

2. 제로베이스에서 시작하는 새로운 증명

"이 원칙이 작은 조직에서도 작동할 수 있을까요?" 이 질문에 대한 답을 찾아가려 합니다. 확신이 아니라 호기심으로요.

지금까지와 다른점: 기존에 다녔던 오라클, 아마존에서는 이미 많은 것이 준비되어 있었습니다:
- 검증된 채용 시스템
- 명확한 보상 체계
- 풍부한 교육 자원
- 확립된 협업 도구

하지만 이제는 모든 것을 직접 만들어야 합니다:
- 동료를 어떻게 찾고 함께할 것인가?
- 목표를 어떻게 설정할 것인가?
- 역할을 어떻게 나눌 것인가?
- 오너십을 어떻게 부여할 것인가?
- 기여적 안정감을 어떻게 조성할 것인가?
- 신뢰를 어떻게 쌓을 것인가?
- 인간적 연결을 어떻게 만들 것인가?

솔직히 말하면, 막막합니다. 하지만 동시에 설렙니다. 25년간 배운 것들을 새로운 방식으로 적용해볼 수 있으니까요.

3. 작은 실험실에서 시작하는 구체적 실험들

지금 저는 정말로 '직원 1명, 책상 1개, 그리고 AI 동료들'에서 시작하고 있습니다.

25년의 경험이 있습니다. G.R.O.W.T.H. 구조가 있습니다. 그리고 많은 질문들이 있습니다.

첫 번째 실험: AI 협력 동료 모델

이미 이 책을 쓰는 과정에서 시작했습니다. G.R.O.W.T.H. 프레임워크를 AI 협업에 적용해봤어요.

Grounded North: AI와 함께 달성하고자 하는 명확한 목표
- 이 책의 초고를 3개월 내 완성하기
- 25년 경험을 체계적인 프레임워크로 정리하기

Role: AI가 잘하는 것과 제가 잘하는 것의 명확한 분담
- AI: 구조화, 일관성 체크, 표현 다듬기
- 나: 경험담, 철학적 통찰, 핵심 메시지

Ownership: AI가 담당할 영역의 명확한 정의
- 각 챕터의 초안 구조화는 AI가 주도
- 최종 메시지와 톤은 제가 책임

Well-being: AI와 함께 일할 때의 현실적 이해

- AI의 한계를 인정하고 보완하는 프로세스
- AI가 놓칠 수 있는 것에 대한 체크리스트

Trust: 결과물에 대한 신뢰 구조

- 모든 AI 결과물은 제가 직접 검증
- 투명한 협업 과정 기록

Well-being: 제로베이스에서의 기여적 안정감
- "실패해도 괜찮다"가 아니라 "모든 시도가 배움이다"
Trust: 투명한 정보 공유 구조
- 작은 조직일수록 더 투명해야 한다
Human: 사람 사이의 진정한 연결
- 숫자가 아닌 기억으로 남는 순간들

잘 될까요? 모르겠습니다. 하지만 해보려 합니다.

세 번째 실험: 지속 가능한 성장 구조

가장 어려운 질문은 "어떻게 지속 가능하게 성장할 것인가?"입니다.

제가 배운 것들이 있습니다:
- 90일 실험 루프
- 성과와 회복의 리듬
- 측정을 통한 돌봄

이것들을 작은 조직에서 어떻게 적용할지, 그 과정을 기록해보려 합니다. 아마 예상치 못한 어려움이 많을 겁니다. 거대 조직의 시스템에 익숙했던 제게는 특히 더요.

하지만 바로 그래서 배울 게 많겠죠.

4. 아마존 LP:
Learn and Be Curious

배우고 호기심을 가져라

이 새로운 도전을 앞두고 아마존의 Learn and Be Curious 원칙이 새롭게 다가왔습니다. "리더는 결코 배움을 멈추지 않으며 항상 자신을 개선하려 한다. 새로운 가능성에 호기심을 가지고 탐구한다"

25년의 경험, 그리고 다시 시작하는 질문들

많은 사람들이 묻습니다. "25년이나 경험했으면 다 아는 것 아닌가요? 왜 다시 제로베이스에서 시작하나요?"

아는 것과 모르는 것이 명확해졌기 때문입니다.

저는 압니다:

- GROWTH 구조가 오라클과 아마존에서 작동했다는 것을
- 사람들이 기여하고 싶어 한다는 것을
- 올바른 구조가 팀을 살린다는 것을

하지만 모릅니다:

- 작은 조직에서는 어떻게 시작해야 하는지
- 자원이 부족할 때 어떤 우선순위를 정해야 하는지

- AI와 인간이 함께 일하는 팀의 미래가 어떤 모습일지

25년의 경험이 있기에 던질 수 있는 질문들입니다. 하지만 동시에, 답을 모르기에 더욱 궁금한 질문들이죠.

제로베이스는 무지함이 아니라 호기심입니다

거인의 어깨를 떠나는 것은 제가 아무것도 모른다는 뜻이 아닙니다. 오히려 그동안 검증한 원칙들이 있기에, 이제 새로운 환경에서 무엇을 배울 수 있을지 궁금한 겁니다.

창업을 준비하며 AI와 협업하며 배웠습니다. 첫 번째 동료를 맞이할 때도 배울 것입니다. 작은 조직을 키워가면서도 배울 것입니다. Learn and Be Curious는 "내가 모른다"가 아니라 "아직 배울 게 더 있다"입니다.

새로운 가능성에 대한 탐구

이 원칙은 또한 말합니다. "새로운 가능성에 호기심을 가지고 탐구한다"

제가 지금 궁금한 것들입니다:

- AI와 인간이 협력하는 새로운 팀 모델은 어떤 모습일까?
- 작은 조직도 훌륭한 구조를 가질 수 있을까?
- 자원이 아니라 원칙으로 팀을 성장시킬 수 있을까?

이 가능성들을 탐구하는 것, 그것이 제 새로운 실험입니다.

답을 찾을 수 있을까요? 모르겠습니다.

하지만 질문을 멈추지 않을 겁니다.

Chpater 14 마무리

> 25년간 검증한 G.R.O.W.T.H. 구조를
> 이제 제로베이스에서 실험한다.
> 진정한 신념은 안전한 곳이 아니라 광야에서 증명된다.
> 당신도 지금, 당신이 있는 그 자리에서 시작할 수 있다.

25년의 여정을 정리하며 깨달았습니다.

G.R.O.W.T.H. 구조는 제가 있었던 곳에서는 분명히 작동했습니다. 하지만 이제 새로운 질문이 생겼어요.

"정말로 어디서든 통할까? 작은 조직에서도? AI와 함께하는 새로운 시대에도?"

아직 답은 모릅니다. 하지만 알아보고 싶습니다.
완벽한 리더가 되려는 여정이 아닙니다. 계속 배우고, 실험하고, 함께 성장하는 여정입니다.

에필로그에서는 이 모든 여정을 통해 발견한 것들을 여러분과 나누겠습니다. 그리고 여러분의 실험을 응원하는 마음을 전하고 싶습니다.

"그 일이 반드시 가능하고 실행되어야 한다고 결심하라.
그러면 결국 방법을 찾아내게 될 것이다"

― 에이브러햄 링컨 (Abraham Lincoln)

바로 실험하기: 나만의 실험실 만들기

Express 5분
AI 협력 리더십 원칙

만약 당신이 AI와 함께 새로운 팀을 만들어야 한다면, 절대 포기할 수 없는 당신만의 협력 원칙은 무엇인가요? 한 문장으로 정의해보세요.

예시: "AI는 효율성을, 인간은 따뜻함을 담당하되, 결정은 항상 함께한다"

나의 AI 협력 리더십원칙:

Standard 15분
제로베이스 실험 설계

당신이 지금 팀을 새로 만든다면, GROWTH 6요소 중 가장 먼저 설계할 요소는 무엇인가요?

G	R	O	W	T	H
Goal	Role	Ownership	Well-being	Trust	Human

첫 번째 우선 순위 :

선택 이유 :

구체적인 첫 실험:

Deep 30분
나만의 리더십 실험 계획서

6개월 후, 여러분의 팀에서 가장 달라져 있었으면 하는 모습을 구체적으로 그려보세요

> 6개월 후 동료들이 어떤 말을 하고 있을까요?
> _____
> _____

> 그 때 당신은 어떤 리더가 되어 있을까요?
> _____
> _____

첫 90일 동안 가장 중요한 실험 3가지 정의하기

첫 번째 실험	두 번째 실험	세 번째 실험
_____	_____	_____
_____	_____	_____
_____	_____	_____
_____	_____	_____

자, 이제 여러분의 팀에서 위대한 실험을 시작할 시간입니다.

에필로그

구조가 만든 따뜻한 연결, 그리고 계속되는 실험

어느 날, 정말 놀라운 일이 있었습니다.

예전에 '기여할 곳을 찾지 못한 동료'라고 생각했던 그 사람이 제게 와서 말하더군요.

"매니저님, 요즘 월요일이 기다려져요. 우리 팀에서 제가 어떤 기여를 할 수 있을지 생각하면 설레거든요."

그 순간, 저는 깨달았습니다. 기여할 곳을 찾지 못한 사람은 처음부터 없었구나. 다만, 기여할 수 있는 구조를 만들지 못한 리더들이 있었을 뿐이었습니다.

25년의 실험, 100명과 함께한 작은 기적들

지난 25년간 오라클과 아마존을 거치며 100명이 넘는 동료들과 함께 실험해온 시간들을 돌아봅니다.

"암 걸릴 것 같다"며 절망하던 동료가 "어떤 위기가 와도 두렵지 않다"고 말하게 된 순간들. 서로 탓하기만 하던 부서들이 함께 웃으며 문제를 해결하게 된 변화들. "1:1 미팅이 기다려진다"고 수줍게 말해주던 동료들의 목소리.

이 모든 작은 기적들의 공통점은 무엇이었을까요?

바로 '기여 구조'였습니다. 모든 사람은 기여하고 싶어 합니다. 단지 그 기여가 보이고, 인정받고, 연결될 수 있는 판이 필요할 뿐이죠.

구조가 만든 따뜻한 연결

처음엔 저도 몰랐습니다. 구조라는 게 차갑고 딱딱한 시스템인 줄로만 알았거든요. 하지만 수많은 실험과 실패를 거듭하며 깨달았습니다. 좋은 구조는 사람과 사람을 더 따뜻하게 연결해주는 다리였습니다.

명확한 Grounded North가 있으니 서로를 이해하게 되고,
각자의 Role이 분명하니 존중이 생기고,
Ownership을 부여하니 서로를 도우려 하고,
Well-being을 통해 기여적 안정감이 생기니 솔직해지고,
Trust가 쌓이니 함께 성장하려 하고,
Human의 가치를 놓치지 않으니 진심으로 응원하게 되더군요.

이 여섯 가지 요소가 모여 하나의 나침반이 되었습니다. 리더십이라는 망망대해에서 길을 잃을 때마다 방향을 알려주는 GROWTH라는 이름의 나침반 말입니다.

결국 '리더십은 분위기가 아니라 구조'라는 말의 진짜 의미는 이것이었습니다.

좋은 구조가 가장 따뜻한 분위기를 만든다는 것.

철학자들과 아마존 리더십 원칙이 알려준 것

여정에서 예상치 못한 동료들을 만났습니다.

사르트르는 팀원들이 '도구'가 아닌 '주체'라는 것을 일깨워줬습니다. 쇼스타코비치는 침묵 속에 숨은 진실을 읽는 법을 가르쳐줬죠. 하이데거는 '함께-있음'의 의미를, 레비나스는 타자의 얼굴에서 무한한 책임을 보는 법을 알려줬습니다.

그리고 아마존의 리더십 원칙들이 있었습니다. Ownership, Customer Obsession, Hire and Develop the Best, Learn and Be Curious… 이 원칙들도 누군가의 경험에서 나온 것들이었습니다.

수많은 리더들의 시행착오와 성공이 축적되어 만들어진 실천적 지혜였죠. 저는 이 원칙들을 제 팀에 적용하며 GROWTH 프레임워크를 만들어갔습니다. 아마존의 원칙들이 현장에서 어떻게 작동하는지 경험하고, 우리 팀의 현실에 맞게 재해석하고, 반복적으로 실험하는 과정에서 GROWTH의 여섯 가지 요소가 하나씩 자리 잡았습니다.

철학자들은 '왜'에 대한 깊은 통찰을 줬고, 아마존 원칙들은 '어떻게'의 구체적 방향을 보여줬습니다. 그리고 그 둘을 제 현장에서 실험하며 만든 것이 G.R.O.W.T.H. 프레임워크입니다.

새로운 실험을 향해

이제 저는 새로운 여정을 시작하려 합니다.

25년간 검증한 이 '기여 구조'가 과연 작은 조직에서도 통할까요? 그리고 AI와 함께하는 새로운 시대에도 여전히 유효할까요?

아직 확답은 없습니다. 실패할 수도 있습니다. 하지만 하나는 알고 있습니다. 완벽한 리더가 아니어도 괜찮다는 것.

실험하고, 구조를 설계하고, 함께 배워나갈 줄 아는 리더라면 충분합니다. 그리고 그 과정에서 만나는 모든 사람들과 함께 성장할 수 있다는 것.

당신의 다음 실험을 응원합니다. 이제 여러분 차례입니다.

이 책은 정답을 담은 매뉴얼이 아닙니다. 여러분의 팀에서 시작할 수 있는 작은 실험들을 담은 도구상자입니다. 완벽하지 않아도 괜찮습니다. 저도 여전히 배우는 중이니까요.

오늘부터 시작하는 작은 실험들

오늘 팀 미팅에서:
- 동료 한 명의 이름을 부르고 진심으로 의견을 물어봅니다.
- "무엇이 아니라 왜"를 질문합니다.

이번 주에:
- 팀의 'One True Why'를 한 문장으로 정리합니다.
- 각 팀원의 숨은 강점을 하나씩 발견합니다.

다음 달에:
- 동료 한 명에게 작은 프로젝트의 오너십을 부여합니다.
- 90일 실험 루프의 첫 사이클을 시작합니다.

작은 실험들이 모여 구조가 되고, 구조가 모여 문화가 됩니다.

혹시 팀에 '기여할 곳을 찾지 못한 것처럼 보이는' 동료가 있다면, 한번 이렇게 물어봅니다. "어떤 일을 할 때 가장 기여하고 있다는 느낌이 들어요?" 그 답에서, 놀라운 변화가 시작될지도 모릅니다.

함께 실험하는 동료로서

저는 이제 제로베이스에서 새로운 실험을 시작합니다. 25년간 배운 것들을 다시 검증하고, 또 새로운 것들을 배우려 합니다.

여러분의 실험은 어떤 모습일까요? 여러분이 있는 그 자리에서, 지금 가진 자원으로, 함께 시작해봅니다. 완벽한 준비는 필요 없습니다. 사람에 대한 믿음과 실험하려는 용기만 있으면 됩니다.

기여하지 않으려는 사람은 없습니다. 다만, 기여할 구조를 찾지 못한 사람들이 있을 뿐입니다. 그리고 이제 여러분이 그 '기여의 판'을 만들어줄 차례입니다.

여러분의 실험 이야기도 언젠가 들려주시길 바랍니다.

2025년, 새로운 실험을 시작하며
백민자

부록. 당신의 리더십 실험을 위한 도구함

https://m.site.naver.com/1VsZ7

이 책에서 다룬 G.R.O.W.T.H. 프레임워크를 실제로 적용할 수 있도록 실용적인 도구들을 준비했습니다. 각 도구는 워크시트, 체크리스트, 템플릿 형태로 구성되어 있어 바로 팀에 적용할 수 있습니다.

부록 1. 북극성 찾기 워크숍 가이드
부록 2. 강점 기반 역할 설계: 필살기 매트릭스
부록 3. 3-3-3실험 가이드
부록 4. 관계를 측정하는 체크인 시스템
부록 5. 실험 기록장 (실험 카드 템플릿)
부록 6. 리더의 다짐서

리더십은 분위기가 아니라 구조다

MZ세대 100명과 실험한 기여 구조 리더십

1판 1쇄 발행   2025년 11월 17일

저　자　백민자
편　집　지미옥
기　획　도서출판 Kairosse(카이로스)
펴낸곳　도서출판 Kairosse(카이로스)

출판등록   2025.09.17(제2025-000038호)
전　화   010-5807-0624
이메일   book@kairosse.com

ISBN | 979-11-994980-5-1

www.kairosse.com/book
ⓒ 백민자, 2025
본 책은 저작자의 지적 재산으로서 무단 전재와 복제를 금합니다.